KB237079

Self-regulation으로 자라나는
내 아이의 꿈

Self-regulation으로 자라나는 내 아이의 꿈

백 승 희 著

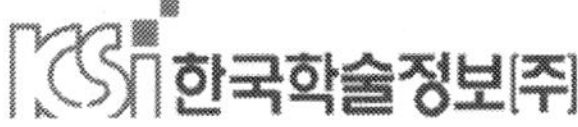
한국학술정보(주)

머리말

일반적으로 초등학생들에게서 자기조절 학습능력을 기대할 수 있겠는가? 라고 말하는 사람들이 있다. 그것은 자기조절 학습능력에 대한 개념이해가 잘 안되어 있기 때문이다. 미래사회의 주역인 우리 학생들은 지식의 생명주기가 짧아지고 폭발적인 정보의 양과 다양한 네트워크를 통하여 정보를 접할 수 있는 환경에서 살아가고 있기 때문에, 누가 얼마나 빨리 유용한 자료를 찾아 정보로써 활용할 수 있느냐가 경쟁력이 된다. 그러므로 스스로 필요한 정보를 찾아 지식을 구성하고 활용하는 능력이 끊임없이 요구되는 평생학습사회를 주도해 나가야 하는 학생들은 학습하는 방법과 인지, 동기, 행동조절을 포함한 자기조절 학습능력을 초등학교에서부터 형성하고 키워 나가야 한다.

자기조절 학습능력은 정보를 찾아 지식을 구성하는 데 필요한 효과적인 학습전략과 학습진행과정을 점검하고 계획할 수 있는 인지조절능력, 학습하고자 하는 성취가치감과 꼭 해내고야 말겠다는 숙달목적지향성과 해낼 수 있다는 자기효능감을 포함한 동기조절능력, 효율적인 학업시간관리, 행동통제, 도움구하기를 포함한 행동조절능력을 말한다.

이 책에서는 필자가 초등학교 현장에서 경험한 사례와 초등학생을 대상으로 한 교수·학습과정에서 동기설계 수업모형 적용이 자기조절 학습능력에 미치는 효과를 검증한 박사학위 논문을 소개하였다.

설레임과 걱정으로 초등학교를 보내는 새내기 학부모에게 유치원과 초등학교 관련정보와 아이에 대한 긍정적인 기대가 얼마나 커다란 도약의 발판이 되는지를 생각해 보는 기회를 제공하고, 동기와 자기조절 학습능력 연구자에게 초등학교에서도 자기조절 학습능력을 형성할 수 있음을 알릴 수 있는 기회가 되었으면 좋겠다.

1학년 신입생 학부모님께

○ 입학 초기의 학교 생활

(1) 수업일정과 준비물은 〈주간학습안내〉를 참고해 주세요.

(2) 이름표를 잘 달고 다니도록 합니다.

(3) 교통질서를 잘 지켜 안전 사고 예방 교육에 힘써 주시기 바랍니다
(횡단보도와 신호등을 보고 안전하게 건넙시다).

(4) 손수건이나 휴지를 가지고 다니도록 합니다.

(5) 자기 집 전화번호를 알도록 합니다.

(6) 활동하기 편한 옷, 용변보기 편한 옷을 입도록 합니다.

(7) 가정통신문을 반드시 확인하시고 연락사항을 잘 지키도록 합니다.

(8) 학교 규칙을 잘 지킬 수 있도록 가정 지도 바랍니다.

(9) '우리들은 1학년' 책은 매일 가지고 다닙니다.

(11) 모든 소지품에는 학년, 반, 이름을 꼭 쓰도록 합니다.

(12) 학교 이름과 담임 선생님의 성함, 얼굴을 익히도록 합니다.

(13) 등교하기 전에 대소변을 꼭 보고 오도록 지도합니다.

입학기 학생들의 일반적 특성

1. 신체적 특성

경제적 풍요와 더불어 학생의 체위가 크게 향상되었습니다. 아동기는 신체적 성장의 속도가 완만하게 되지만, 1학년 때까지도 성장의 속도가 급격한 제2신장기에 속하는 학생들이 많습니다. 내장 기관이나 뇌의 성장이 현저하며, 운동 기능의 발달로 장난이 심해집니다.

2. 정서적 특성

아동기의 정서적 특징은 정서의 경과 시간이 짧고 강렬하며 자주 변한다는 점입니다. 어린이들은 동일한 작업에 오랫동안 열중하지 못하며, 조금 전까지 깊은 관심을 보이다가도 어느 사이 싫증을 느끼곤 합니다. 그러한 까닭에 40분의 학습 시간 중에도 다양한 학습 활동이 되도록 형태를 바꿀 것이 요구됩니다.

학생의 정서를 건전하게 발달시키는 데 가장 중요한 것은 부모와 교사의 일관된 사랑을 받는 일입니다.

3. 사회적 특성

유아기에는 방관적인 놀이나 혼자만의 놀이를 특징으로 하였으나, 입학기부터는 차츰 협동적이고 조직적인 놀이를 하게 됩니다.

학생의 교우 관계는 주로 동성, 옆자리 혹은 이웃집 학생들과의 사이에

놀이 집단의 규모는 3~6명 정도로 확대됩니다. 놀이의 과정에서 일반적으로 경쟁 의식이 강하게 나타나며, 이 때문에 학생들 사이에 다툼이 잦지만, 그 감정이 오래 지속되지는 않습니다.

입학 초기의 학생들 중에서도 내성적이고 미온적인 학생, 규칙을 지키지 않는 학생의 지도가 중요합니다. 이러한 학생들은 지나친 격려나 질책보다 적절한 역할을 주어 활동시키거나 불만을 그림이나 이야기로 해소시킬 수 있는 기회를 주는 방법 등이 유효합니다.

4. 지적 특성

지적 호기심과 정신 작용이 활발하게 나타나 주위의 사물이나 일부 추상적인 문제에 깊은 관심과 호기심을 갖고 반복적으로 동일한 질문을 하는 경향을 보이며, 지각하는 힘도 예리하고 정확해집니다. 이와 함께 모든 생각이 과거의 기억과 함께 제법 논리적으로 되며, 상상력과 창의력도 증가해집니다.

학생의 사고력은 자기 중심적이며 상상력이 매우 발달하게 됩니다. 창조적 표현 능력도 발달하여 많은 모방을 하게 되며 자기 나름대로 색다른 표현 방법을 나타내기도 합니다. 손가락으로 그림을 그리고 만들기도 하는데, 크게 그리도록 하는 것이 좋습니다.

5. 이런 습관은 미리 고쳐주세요.

○ 아침에 늦게 일어나는 버릇

○ 자기 물건을 잘 챙기지 못하는 버릇

○ 밥투정, 반찬 투정하는 버릇

○ 식사예절이 나쁜 버릇

○ 텔레비전을 언제나 켜놓고 보는 버릇
○ 컴퓨터게임을 너무 오래 하는 버릇
○ 손발이나 몸을 씻지 않는 버릇
○ 다른 아이들과 어울리지 못하는 점
○ 혼자 잘난척하고 남을 배려하지 않는 점
○ 참을성이 부족하고 쉽게 싫증을 내는 점
○ 이기적이고 협동심이 부족한 점
○ 난폭하고 남과 자주 다투는 점
○ 지나치게 고집을 부리는 점

화목한 우리 가정

우리집 가훈			
아버지 성함		어머니성함	

♡우리 가족의 모습을 부모님과 함께 그려봅시다.

부모님의 귀중한 말씀

* 아버지나 어머니께서 귀한 자녀의 입학을 축하하며 학교생활에서 실천할 수 있는 교훈적인 말씀을 적어서 읽어 주시기 바랍니다.

유치원과 초등학교의 비교

1. 유치원과 초등학교 1학년 아동의 발달 특징

유치원과 초등 학교 1학년의 아동 즉 4-5세와 6-7세의 아동은 유사한 발달특성을 가지고 있다.

Piaget의 인지발달 이론에 의하면 지적 구조의 특성에 있었어도 초등학교 1-2학년은 전 조작적 단계 중 직관적 사고 단계로서 구체적 조작기에 있는 3-6학년보다는 오히려 유치원과 그 발달 특징을 같이 하고 있다[1]고 한다. 그 특징으로 신체적 발달에 있어서는 소 근육 발달보다는 대 근육 발달이 더 잘 이루어져 있어서 섬세한 활동보다는 몸 전체를 움직이는 활동에 더욱 흥미가 있다고 하여 인지능력은 구체적 사물을 통하여 학습할 때 더욱 잘 이루어진다.[2] 고 하였다

Flavell은 이 시기의 아동들은 언어 발달에 있어서도 매우 급속한 발달을 이루면서 어휘와 문장을 발달시켜 나가게 되며, 질문이 많아지고 자기중심적인 언어 형태에서 사회화된 언어 형태로 발달되어 간다.[3] 고 하였다.

Erikson은 이 시기에 아동은 사회·정서적 발달에 있어서 주도성이 발달한다고 하여 자신의 욕구가 충족되면 자신감이 생기게 되고 반대로 욕구가 충족되지 않을 경우에는 죄책감이 생기게 된다. 따라서 또래 집단과 많은 상호작용이 요구되며 놀이를 통하여 사회성 발달이 이루어지도록 하는 것

---

1) 강봉규. 교육심리학. (서울: 형설 출판사. 1996). pp.34-35.
2) 이경우외. 유치원과 국민학교 1학년 교육과정 연계성을 위한 정책방안.(학술 연구 논문. 문교부. 1986). P.3.
3) J.H.Flavell. <u>Congnitive Development.</u> (Englewood Cliffs. New Jersey :printice Hall. Inc.. 1977). pp.61-97.

이 바람직하다.4) 고 하였다.

이상과 같은 관점에서 유치원과 초등학교의 교육의 연계성 문제는 아동 발달적 측면에서 중요하고도 시급한 교육적인 시사점이라 할 수 있다. 그러나 각급 학교는 독자적인 교육 과정을 갖고 있고 교육기관의 주체가 다르며 교육환경이 다르기 때문에 그에 따른 교수학습의 형태가 달라 연계성이 잘 이루어지지 않고 있다. 앞에서도 언급한 바와 같이 유치원과 초등학교의 연계교육은 아동의 발달적인 측면이나 교육과정 운영의 효율성 측면에서 시급히 이루어야할 중요한 과제라고 하겠다.

2. 유치원과 초등학교의 교육과정 비교

유치원 교육과정에 의하면 이제까지 발달 영역을 중심으로 편성해 오던 교육과정 영역을 생활중심으로 바꾸어 건강 생활, 사회 생활, 표현 생활, 언어 생활, 탐구 생활의 5개 영역으로 편성해 놓고 있다. 한편, 초등학교 교육과정의 편제는 크게 교과활동, 재량활동, 특별 활동으로 편성하고, 교과는 1,2학년의 경우 국어, 수학, 바른 생활, 슬기로운 생활, 즐거운 생활로, 3, 4학년은 국어, 도덕, 사회, 수학, 과학, 체육, 음악, 미술, 영어로 5, 6학년은 국어, 도덕, 사회, 수학, 과학, 실과, 체육, 음악, 미술, 영어 10개 교과로 편성되어 있다.

유치원, 초등학교 1, 2학년, 초등학교 3, 4학년 5, 6학년의 교과 편성 간의 관계를 제시하면 다음과 같다.

---

4) E. Erikson. <u>Childhood and Society.</u> New York: W.W.Norton and Company. Inc.. 1950).pp.195-208.

◆ 교육과정 영역 및 교과 편성간의 관련성 ◆

〔유치원〕	〔초등 1, 2학년〕	〔초등 3, 4학년〕	〔초등 5, 6학년〕
언어 생활	국 어	국 어 체 육	국 어 실 과
사회 생활	수 학	도 덕 음 악	도 덕 체 육
탐구 생활	바른생활	사 회 미 술	사 회 음 악
건강 생활	슬기로운생활	수 학 영 어	수 학 미 술
표현 생활	즐거운생활	과 학	과 학 영 어

3. 유치원과 초등학교 교육의 특성 비교

우선 교육의 대상이 다르기 때문에 가르쳐야 할 내용의 선정 조직 및 교수 방법상에 차이가 있다. 유치원 교육과 초등학교 교육의 일반적인 차이점을 비교하면 다음과 같다.

비 교	유 치 원	초 등 학 교(1~2학년)
교육 대상	● 만 3~5 세	● 만 6~12 세
연간 수업 일수	● 180일 기준	● 220일 이상
수업 시간	● 1일 교육 시간 180분 기준	● 1단위 수업 시간을 40분으로 운영하여 1주일에 1학년 25시간, 2학년 25시간 운영 기준
교육과정구성	● 교과 구분 없이 5개 영역으로 구분하되 특정 교과에 치우치지 않고 전인적이고 통합적인 교육이 이루어지 도록 운영 ● 5개 영역 : ①건강생활 ②사회생활 ③표현생활 ④언어생활 ⑤탐구생활	● 교과활동, 재량활동, 특별활동으로 편성 ● 교과 구분 : 국어, 수학, 바른생활, 슬기로운생활, 즐거운생활
교육활동계획과지도	● 연간 활동 목록, 환경 구성안, 균형적활동 안배 등의 내용과 연간, 월간, 주간, 일일 계획안을 작성하여 교육과정에 의하여 교육활동이 이루어지도록 한다. ① 5개 영역별로 제시된 내용을 지역화를 위하여 적절한 시기와 상황에 맞추어 통합적으로 운영되도록 계획 한다. ② I,II 수준 내용간의 통합성을 고려하여 교육활동을 재구성한다. ③ I,II 공통 수준 내용을 3,4,5세 아동들을 위한 다양한 놀이활동으로 보다 친근하고 쉽게 선정, 조직하여 제공한다.	● 교과의 내용을 순서대로 계획하여 지도하는 것이 아니라 지역의 특수성과 학생, 교원, 주민의 특성과 요구 등 제반 요소를 반영하여 교육과정을 계획하여 지도한다. ● 교육과정은 1, 2학기로 구분하여 계획하며 5개 교과별로 각각 계획한다. ● 학기별 교육과정에 계획된 내용을 주간 계획안으로 세부 계획하여 실시한다. ● 학습활동은 학생의 직접적인 체험활동과 학습의 개별화에 노력한다. ● 학습의 효과를 높이기 위하여 교과용 도서 이외에 교육방송, 시청각 자료, 컴퓨터, 각종 학습자료를 활용한다.
교육의구성	① 유치원은 개인생활의 영위와 집단 생활에의 적응을 위한 기본생활 교육을 강조한다. ② 유치원은 아동들의 조화로운 심신발달을 촉진하는 조장적 기능을 가지고 있다. ③ 유치원은 흥미를 기본으로 하는 놀이 중심 활동과 탐색을 통하여 교육을 전개한다.	① 초등학교 교육은 모든 국민이 누구나 받아야 하는 의무 교육으로서 국민생활에 필요한 기본적인 자질을 기르는 기본교육이다. ② 초등학교 교육은 성장의 제 측면을 풍부하게 하고, 바람직한 태도와 가치를 가지게 하는 전인 교육이다. ③ 초등학교 교육은 후속하는 모든 학교 교육의 기초교육으로 기본 학습 기능이 강조되는 교육이다.

자기 충족적 예언

　우리 학교 3학년 중에는 별명이 '최선을 다하여 열심히'인 학생이 있습니다. 그 학생은 학기 초에 별로 눈에 띄지 않는 조용한 학생이었지요. 도덕 시간에 '감동의 이야기' 프로그램을 적용하고 있는데 "성공하는 사람들은 어떻게 생활하는 특징이 있을까요?"라는 발문에 "최선을 다하여 열심히"라고 교실 한 쪽에서 조그만 소리로 말하는 학생이 있었습니다. 이 학생은 그 후로도 발문 내용에 상관없이 '최선을 다하여 열심히'를 외쳐서 자칫 재미없을 도덕 시간을 한바탕 웃음의 도가니로 만든 적이 있었습니다. 그런 일이 있은 후 그 학생은 도덕시간 만큼은 이름 대신에 '최선을 다하여 열심히'라고 불리어졌습니다.

　그런데 중요한 변화가 생겼습니다. A군은 1학기가 끝나가고 2학기를 지나면서 조용하고 소극적이었던 모습에서 표정이 밝아지고, 역할놀이 시간에는 실감나는 목소리로 주인공을 표현하여 온 몸에 소름이 돋게 할 정도로 자신감이 생겼으며 정말로 매사에 '최선을 다하여 열심히' 생활하는 학생으로 달라졌습니다.

　교육학 용어 중에는 자기 충족적 예언이라는 말이 있습니다. 자기 충족적 예언이란 '한 예언이 형성되면 그 예언이 인간의 행동에 어떤 구속력을 가하여 바로 예언 자체의 실현을 위한 강력한 수단이 된다.'는 것입니다. A군은 긍정적인 의미에서 최선을 다하여 열심히 생활하는 학생이라는 자기 충족적 예언에 많은 변화를 가져 올 수 있었던 것이지요.

　비슷한 용어로 피그말리온 효과, 플러시보 효과 등이 있는데 그 중에 피그말리온 효과의 예를 들어 보면 이해를 더욱 도모할 수 있을 것입니다.

"지중해에 피그말리온 이라는 젊은 조각가가 살고 있었습니다. 볼품없는 외모를 지녔던 그는 사랑에 대해서는 체념한 채 조각에만 정열을 바쳤습니다. 그러다가 자신도 언젠가는 사랑을 얻을 수 있을 것이란 기대로 심혈을 기울여 여인의 나체상을 조각했습니다. 그 조각은 누가 보더라도 완벽한 여인상이었고, 그는 정성스럽게 다듬어 갔습니다. 시간이 지나면서 점차 그 여인상에 대한 연민의 감정을 가지게 되었습니다. 어느 날 자신의 소원을 비는 아프로디테 축제가 있었는데, 피그말리온은 신께 그 여인상을 아내가 되게 해달라고 간절히 빌었습니다. 집에 돌아온 피그말리온은 여인상의 손등에 입을 맞추었습니다. 그런데 놀라운 일이 일어났습니다. 손에서 온기가 느껴지기 시작하는 것이었지요. 놀란 피그말리온이 여인상을 어루만지자 조각상에서 점점 따스한 체온이 느껴지며 사람으로 변해 가기 시작했습니다. 피그말리온의 순수한 사랑을 받아들여 신이 조각을 아름다운 여인으로 만들어 주었던 것입니다. 조각상이 살아있는 여인으로 변하자 피그말리온은 결혼을 하고 파포스라는 딸을 낳았습니다."

이렇듯 자기 충족적 예언은 교사가 어떤 학생을 '우수할 것이다.'라는 기대로 가르치면 그 기대를 받은 학생은 다른 학생보다 더 우수하게 될 확률이 높다는 이론으로 무슨 일이든 기대한 만큼 이루어진다는 것입니다. 지극히 평범해 보이던 학생이 선생님의 말씀 한 마디로 크게 분발하여 몰라보게 우수한 학생으로 변하는 경우가 있습니다. 교사나 부모가 관심과 기대감을 가지고 학생과 자녀에게 칭찬을 해주면 용기와 자신감을 갖게 되어 분발하는 것입니다. 심리학에서는 이것을 자성적 예언, 자기 충족적 예언, 피그말리온 효과라고 부르고 있습니다. 학교 현장과 가정에서 자기 충족적 예언을 유념하여 학생들을 대한다면 우리 아이들이 보다 자신감 있게 꿈을 가꾸어 갈 수 있을 것이라고 생각합니다.

2005학년도 초등학교 일 학년은?

일요일을 지난 뒤 월요일 아침에 창가에 피어있던 꽃들이 시들어 있었다. "이를 어쩌나. 꽃들이 너희들 없는 교실에서 하루 동안 밥을 못먹어 배고프구나." 깜짝 놀라 아이들 보는 앞에서 물을 주었다. "선생님, 물이 꽃들한테는 밥이지요?" "으음. 그렇단다." 다른 한쪽에서 "햇볕도 밥이에요." "으음, 잘도 아는구나. 박사님들만 모였네. 그리고 흙도 밥이라고 할 수 있을거야." 눈이 유난히도 초롱초롱한 건준이가 갑자기 "아니예요오?" 소리를 질렀다. "흙은 꽃들의 집이에요." 짱구머리 승규는 '햇볕을 먹고 광합성 작용을 해서 무럭무럭 자라게 해요.' 차분한 목소리로 중얼거렸다.

약 8년만에 일 학년을 담임하게 된 나는 요즘 깜짝 놀라는 일이 한 두 가지가 아니다. 팔 년 전에 현재 근무하고 있는 학교와 이웃해 있는 'w'초등학교에서 일 학년을 담임했을 때와 학생들의 사고능력, 생활자세, 이해력, 선수학습내용 등에서 많은 차이를 보인다.

40명 모두가 표정이 매우 밝고 자신감이 있다. 발표하는 데도 전혀 주저함이 없이 생각하고 있는 내용을 표현한다. 단지 일대일 대화식으로 유아적으로 말하는 자세를 여러 사람 앞에서 말하는 방법으로 지도하는 것이 나의 몫일 뿐이다. 40명 모두가 한글을 이미 해득한 상태이다. 남학생 2명만이 조금 느리게 읽을 뿐이다 교실 책꽂이에 꽂혀있는 동화책을 아주 진지하게 묵독하는 모습을 보고 나는 더 이상 할 말을 잃었다. 이제 입한 지 두 달 밖에 지나지 않은 학생들이다.

학교에 오면 먼저 가방을 정리하고 우유를 먹고 '그림 따라 그리기' 활동을 종합장에 표현하는데, 코팅한 참고작품을 따라 너무도 재미있게 그려보는 것이다. 복도 통행은 왼쪽으로 한 줄로 서서 사뿐사뿐 걷기, 운동장에 나가서 줄을 설 때에는 이렇게 등등 교사가 차근차근 설명한 내용들을 차곡차곡 인지하여 행동으로 표현하였다. 마치도 스폰지같이……

한번은 즐거운생활 교과시간이라서 학생들을 먼저 운동장에 나가 있으라고 하였다. 체육복을 갈아입고 막 계단을 내려오는데 교장선생님께서 찾으셔서 많이 늦어졌다. 아이들 걱정이 되어서 황급하게 운동장에 나갔는데, 하나같이 모래씨름장에서 도란도란 앉아서 모래놀이를 하고 있었다. 누가 시킨 것도 아니고 한번도 그렇게 하라고 가르친 적도 없었다.

두 가지 면에서 그 이유를 찾아보았다.

첫째, 취학 전 교육의 일반화이다. 우리 학교의 학구는 00시의 외곽지대에 위치하고 있으면서 60%이상이 맞벌이 가정이다. 어떤 방법으로든지 저녁시간까지 아이들을 맡겨야 하는 입장이다. 그 시간동안 유치원 종일반, 미술, 바둑, 태권도학원 등의 지도를 받게 된다. 40명중에 1명을 제외한 39명이 취학 전 지도를 받았다. 대부분 아파트 단지 내의 유치원 과정을 수료하였다. 이렇게 볼 때 유치원 교사들의 역량과 지도능력이 얼마나 중요한 역할을 하게 되는지 절감하게 된다.

둘째, 정보공유의 일반화이다. 다양한 매스미디어, 컴퓨터의 보급을 통한 정보에 접근할 수 있는 환경이 95년 이후 현재에 이르기까지 빠르게 각 가정에 조성되어 왔다. 학교교육에서 지도되어야 할 학습내용들이 이미 TV 시청, 비디오 영상물, 인터넷 등 다른 매체들을 통해서 직접, 간접적으로 경험하는 기회를 가졌던 것이다.

취학 전 유치원교육에서 유아들의 발달단계에 맞추어 제공되어온 흥미중심활동교육이 학교교육의 첫 단추인 초등학교 일 학년 교사들에게 의미있는 메시지를 보내주고 있다. 책임감이 어깨를 짓누른다. 그리고 많이 고민하고 연구하여 하나하나 정성스럽고 소중하게 행동과 교수내용을 제공해야 함을 느낀다. 유치원교육과 초등교육의 연계성을 더욱 더 중요하게 생각하게 하는 2005년 봄이었다. 유치원교육에서 무엇이 이루어지고 있는지를 알고 있기에, 올해 나의 40명의 학생들에게 무엇이 필요한지를 더욱 더 고민하게 해준다. 그래서 '자신감과 만족감 전략을 통한 초등학교 입문기 학생의 자기조절 학습능력 형성' 프로그램으로 아이들에게 도움이 될 수 있도록 노력하고 있다.

동기설계수업모형 적용이 자기조절 학습능력에 미치는 효과

The Effect of Motivational Designed-instructional Model on Self-regulated Learning Ability in Teaching-learning Process

목 차

표 목차

그림 목차

Ⅰ. 서 론

이 장에서는 본 연구가 왜 필요한지, 연구하고자 하는 목적이 어디에 있는지, 연구 수행을 위해 설정한 가설, 그리고 본 연구를 수행하면서 사용한 핵심용어의 조작적인 정의에 대해서 설명하였다.

1. 연구의 필요성

지식의 팽창과 더불어 고도로 정보화 된 사회에서 요구하는 학교 교육활동은 이젠 더 이상 지식만을 가르치는 교육이 아니다. 또한 지식의 빠른 변화속도와 짧은 생명력으로 인하여, 학교 교육은 스스로 공부할 수 있는 평생학습자로서의 기초교육과 공부는 재미있는 것이라는 동기부여와 동기유지를 바탕으로 한 학습하는 방법을 학습할 수 있어야 한다. 지식기반사회인 현대사회에서는 학습자 스스로 지식을 구성하고 창출하는 것이 강조된다. 교사의 역할은 지식을 학생들에게 전달하는 역할보다 학생 스스로 지식을 구성할 수 있도록 분위기를 만들어 주는 일이 되어야 하며, 그러한 분위기를 만들어 주는 일의 핵심 중 하나가 학습자 동기를 유발하고 유지시키는 일이다(송상호, 2001). 특히 정보화시대와 평생학습사회로의 교육패러다임의 전환은 스스로 학습하는 자기주도적인 학습자를 배양해야 할 필요성으로 인해 자기조절 학습능력에 대한 관심을 기울이게 하였다(Shin, 1998).

자기조절 학습능력이란, 학습자 스스로 체계적인 학습방식을 사용하고 다양한 메타인지전략 및 인지전략들을 사용하며 학습목표를 달성할 때까지 동기를 유지하면서, 자신의 학습을 주도하고 통제하고 관리하는 능력이다. 그러나 실제 학습상황에서 대부분의 학습자들은 자기조절 학습자로서 자신의 학습상황을 조절하고 관리하며 자율적으로 학습활동에 참여하는 데 많은 어려움을 경험한다(Zimmerman, Martinez-Pons, 1988; Zimmerman, 1989). 그 이유는 일반적인 학습능력과 구분되는 학습자의 자기조절 학습능력이 부족하기 때문이다. 자기조절 학습능력은 저절로 습득되는 것이 아니기 때문에 학습과제와 관련하여 자기조절 학습능력을 사용하도록 가르치거나 고무하는 것이 필요하다고 본다(Ertmer & Newby, 1986; Lee, 1991; Schmitt & Newby, 1996). 학습자의 자기조절 학습능력은 타고난 것이라기보다는 수업 또는 훈련이나 경험을 통해서 학습되거나 개발될 수 있는 것이다(McCombs, 1984; Schunk & Rice, 1987; Armstrong, 1989; Paris & Newman, 1990).

이러한 관점으로부터 학습자의 자기조절 학습능력은 훈련이나 수업처치를 통해 발달될 수 있는 바람직한 학습결과라고 볼 수 있다(Paris & Newman, 1990; Pintrich & De Groot, 1990). 따라서 잠재적 상태에 있는 학습자의 능력과 동기 수준은 자기조절의 수준으로 끌어 올려져야 할 필요가 있으며, 이를 위해 어떠한 수업처치를 제공하느냐가 주요한 관건이 된다.

그러나 지금까지의 자기조절 학습능력에 관련된 연구는 학습전략에 대한 훈련이 학업성취에 미치는 효과를 검증하는 시도에 집중되어 있었다(신민희, 1996; Wang, 1983; Sterven, 1986; Dermody, 1988; Lee, 1991; Yang, 1991). 이러한 연구들의 제한점은 학습자의 자기조절 학습능력을 배양하기 위해서 고려되어야 할 요소들을 통합적으로 제시하지 못했다는 것이다. 자기조절 학습능력은 자기조절 학습전략 뿐만 아니라 자기조절의 동기적 요소 및 학습환경의 부분까지 포함하는 것이어야 한다(Zimmerman, 1989; Corno, 1993; Schunk, 1993).

이러한 이유로 구체적이고 실질적인 처방에 관심을 둔 연구자들은 자기조절 학습 구성요소가 무엇인가에 대한 탐구를 수행하였다(양명희, 2000; Pintrich, 1990, 1993). 양명희(2000)는 자기조절학습 모형의 타당성 연구를 통해서 자기조절 학습능력이 인지조절 능력, 동기조절 능력 그리고 행동조절 능력의 세 차원으로 구성된다고 하였다. 인지조절 능력의 하위요소에는 메타인지전략 사용능력과 인지전략 사용능력이, 동기조절 능력의 하위요소는 숙달목적지향성, 자아효능감, 성취가치감 그리고 행동조절 능력의 하위요소에는 행동통제 능력, 학업시간관리 능력, 도움구하기 능력이 포함된다는 것이 확인되었다. 그리고 학업성취를 유도하는 데 있어서 다양한 학습전략을 습득하여 인지를 조절하려는 노력도 중요하지만 그보다 먼저 학습자가 자신의 학습에 대한 동기를 부여하는 데 주력할 필요가 있음도 확인되었다. 또한 학문적 자아개념, 자아존중감과 자신감, 정서적 자아개념의 세 요인으로 이루어진 자아개념, 학교에 대한 정서적 측면과 가치판단적 측면의 두 요인으로 이루어진 학교에 대한 태도가 학습자의 동기와 높은 상관이 있음이 발견되었다. 이 결과로 미루어 볼 때 학습자가 성취에 대한 가치를 충분히 인식할 수 있도록 동기 부여를 해 주는 노력이 필요하다.

그러기 위해서 우리는 학습자들이 학습의 목적을 알고, 학습과제에 대해서 학습자가 수행할 가치가 있다고 느낄 수 있도록 도와주어야 한다 (Berlyne, 1965). 이와 관련하여 Keller(1983)는 수업에서 동기를 결정짓는 여러 가지 변인들을 제시해 주는 이론으로 ARCS 동기 유발 이론을 정립하였다. ARCS이론의 핵심적인 네 가지 요인은 주의집중(attention), 관련성(relevance), 자신감(confidence), 만족감(satisfaction)이다. 그리고 주의집중의 하위범주는 지각적 각성, 탐구적 각성, 변화성으로, 관련성의 하위범주는 목적지향성, 모티브일치, 친밀성으로, 자신감의 하위범주는 성공기대, 성공기회, 개인적 통제감으로, 만족감의 하위범주는 내재적 강화, 외재적 강화, 공정성으로 각각 세분된다. 이 이론은 수업에서 주의력을 집중시키고 학습자들의 요구나 흥미와 학습할 내용을 관련시키고, 학습자들에게 새로운 능력을 획득할 수 있다는 자신감을 고취시켜주고, 학습과제를 성공적으로 수행한 결과에 따라서 만족감을 갖도록 하는 것을 핵심으로 한다. 그리하여 성공적인 학습경험의 축적과 학습을 계속하고자 하는 동기가 유지되어 스스로 학습하고자 하는 능력의 형성이 가능하게 되는 것이다

(Keller, 1987).

이렇게 볼 때 우리는 학습자의 동기특성을 진단하고 처치에 초점을 두는 체계적인 10단계 ARCS 동기설계 수업모형을 적용하면, 학습자 스스로 문제상황을 해결해 나가는 데 필요한 자기조절 학습능력에 영향을 미칠 것이라는 가정을 할 수 있으며, 과연 그러한 효과가 나타나는 지에 대하여 밝혀 볼 필요가 있다.

따라서 본 연구에서는 Dick와 Carey(1990)모형과의 병행 사용을 위한 상황-구체적인 모형인 Keller와 송상호(1999)의 10단계 ARCS 동기설계 수업모형을 사회교과 교수·학습과정에 적용하여 자기조절 학습능력에 미치는 효과를 밝혀보고자 하였다.

2. 연구의 목적

본 연구의 목적은 교수·학습과정에서 동기설계 수업모형을 적용하였을 때 정보화사회에서 학습자들에게 요구되는 자기조절 학습능력 구성요소인 인지조절 능력, 동기조절 능력, 그리고 행동조절 능력에 미치는 효과를 검증하는 데 있다.

3. 연구의 가설

본 연구의 가설은 사회교과 교수·학습과정에서 Keller(1993)의 동기설계이론에 기초한 동기설계 수업모형을 적용하였을 때, 지식의 유용기간이 짧은 평생학습 시대를 살아가야 하는 초등학생들에게 꼭 필요한 자기조절 학습능력의 구성요소인 인지조절 능력, 동기조절 능력, 행동조절 능력에 어떠한 영향을 미치는 알아보기 위해 설정하였다.

    가설 1. 교수·학습과정에서 동기설계 수업모형을 적용하면 학습자의 인
           지조절 능력에 영향을 미칠 것이다.
    가설 2. 교수·학습과정에서 동기설계 수업모형을 적용하면 학습자의 동
           기조절 능력에 영향을 미칠 것이다.
    가설 3. 교수·학습과정에서 동기설계 수업모형을 적용하면 학습자의 행
           동조절 능력에 영향을 미칠 것이다.

본 연구의 가설은 Keller(1979, 1983, 1987)가 동기설계이론에서 제시한 ARCS모형에 근거하였다. ARCS모형에서 설정된 가정은, 수행에 미치는 동기적 영향이 주의집중, 관련성, 자신감 그리고 성공기대감 등과 같은 내적 요인과 동기설계나 학습설계를 적용하느냐, 하지 않느냐와 같은 환경적 요인, 그리고 개인적 능력, 인지전략, 인지양식, 학습전략사용과 같은 내적 능력 요인과의 관계 속에서 이해되고 통합되어야 한다는 것이다.

첫째, 여러 연구에서 학습동기가 높을수록 인지조절 능력에 긍정적인 영향을 미친다고 제안하였다. Zimmerman과 Martinez-Pons(1990)는 성공기대감이 높은 학습자일수록 메타인지전략을 더 많이 사용하는 것을 발견하였다.

Pintrich 와 Groot(1990)는 중학생과 대학생을 대상으로 한 연구에서 관련성의 모터브일치요소에 해당하는 내재적 가치와 자신감의 성공기대에 해당하는 자신의 능력에 대한 믿음이 높은 학생일수록 인지전략과 메타인지

34

전략을 더 많이 사용하였다고 보고하였다.

Blumenfeld(1992)은 고등학생을 대상으로 한 학습내용에 대한 가치, 인지전략의 사용 그리고 수행관계 연구결과에서 동기설계 수업모형의 관련성에 해당하는 학습내용에 대한 가치가 인지전략과 노력관리에 영향을 주었음을 보고하였다.

초등학교 3학년 교사 5명과 그들의 학생 113명을 대상으로 한 Perry와 VandeKamp(2000)의 연구결과에 의하면, 교사가 동기설계 수업모형의 요소인 주의집중과 관련성을 인식시켜서 지식을 창출할 수 있도록 도와주는 교실환경에서 학생들이 자기조절 학습능력 촉진을 위한 노력을 더 많이 하였다. 특히 그들은 효과적인 과제수정하기, 아이디어 재생하기, 철자 쓰기 전략 등을 다양하게 활용한다고 보고하였다.

Mcwhaw와 Abrami(2000)는 고등학생 93명을 대상으로 한 연구에서 주의집중 전략에 해당하는 흥미유지, 관련성 전략에 해당하는 목표지향성의 격려 그리고 공정한 보상을 제공받은 학생들이 인지전략과 메타인지전략을 더 많이 사용하였다고 보고하였다.

따라서 동기설계 수업모형 적용이 자기조절 학습능력 중에서 인지전략과 메타인지전략을 하위요소로 하는 인지조절 능력에 영향을 미칠 수 있는 강력한 변인임을 예상할 수 있다.

둘째, 몇몇 연구자들은 학습자의 동기와 동기조절 능력과 긍정적인 관계가 있다고 제안하였다.

Newby(1991)는 초등학교 교사 30명과 그들이 담당한 학생들을 대상으로 한 연구에서 동기설계 수업모형의 관련성 전략과 숙달목적지향성, 자아효능감 그리고 성취가치감 등의 과업수행동기 사이에는 강한 긍정적 관계가 있고, 보상과 같은 만족감 전략에는 부정적 관계가 있는 것으로 보고하였다.

Pintrich(1999)는 중학생 1,000명과 대학생 3,000을 대상으로 한 연구에서 동기전략과 자기조절 학습능력간의 밀접한 상호작용 관계를 보고하였다. Oettingen, Honig와 Gollwitzer(2000)는 중학교 3학년 55명을 대상으로 한 연구에서 숙달목적지향성의 향상은 다양한 동기전략을 최대화 해주어야 한다고 제안하였다.

그 외에도 ARCS이론을 사용하여 동기가 향상될 수 있음을 확인한 연구결과들은 많이 있다(Bickford, 1989; Klein & Freitag, 1992; Fulford & Zhang, 1993; Means, Jonassen & Dwyer, 1997; Song, 1998). 이와 같은 연구들은 동기 향상을 위해 유용한 전략을 제공하는 동기설계 수업모형인 ARCS모형에 의해 학습자의 동기가 향상될 수 있다고 주장한 Keller(1983)의 동기이론을 지지하였다.

따라서 동기설계 수업모형 적용이 자기조절 학습능력 중에서 숙달목적지향성, 자아효능감, 성취가치감을 하위요소로 하는 동기조절 능력에 영향을 미칠 수 있는 강력한 변인임을 예상할 수 있다.

셋째, 여러 연구자들이 학습자의 동기와 행동조절 능력과도 긍정적인 관계가 있는 것을 다음과 같이 제안하였다.

Heckhausen(1984)은 동기유발 전략을 통하여 행동통제를 가능하게 해 준다고 보고하였다. 그리고 동기설계 수업모형의 외재적 강화를 통한 만족감 전략은 학습자의 행동통제에 영향을 미쳤다(Mace, Belfiore & Shea, 1989). 동기설계 수업모형에서는 개인의 통제를 보장하고 학습환경을 조절하도록 설계되어 있으므로 학습에 대한 행동통제를 높일 수 있다고 가정해 볼 수 있다.

Britton과 Tesser(1991)는 목적지향성과 성공기대와 같은 관련성 전략이나 자신감 전략이 학업시간관리와 높은 상관을 보인다고 하였다. Perry와 VandeKamp(2000)는 교사가 동기설계 수업모형의 요소인 주의집중과 관련성을 인식시켜줌으로써 지식을 창출할 수 있도록 도와주는 교실환경에서 효과적인 도움구하기 행동을 보인다고 보고하였다.

따라서 동기설계 수업모형 적용이 자기조절 학습능력 중에서 행동통제, 학업시간관리, 도움구하기를 하위요소로 하는 행동조절 능력에 영향을 미칠 수 있는 강력한 변인임을 예상할 수 있다.

4. 용어의 정의

동기설계 수업모형

동기설계 수업모형은 교수·학습과정에서 교사나 교수 설계자들이 학습자의 동기욕구를 효과적으로 충족시켜 학습목표에 도달하기 위하여 동기자극 교수전략을 사용하는 체계적인 동기설계과정을 말한다.

본 연구에서는 Keller(1993)가 제안한, 다양한 문화적 배경과 수준이 다른 유치원에서부터 성인 교육에 이르기까지 수업개발에 적용되어 그 유용성이 입증된, ARCS모형을 기초로 하여 구성한 연속적이고 체계적인 동기설계과정인 Keller와 송상호(1999)의 10단계 ARCS 동기설계모형을 동기설계 수업모형이라고 하였다.

자기조절 학습능력

자기조절 학습능력은 학습자가 학습을 스스로 시작하고 조절하며 유지해 나가는 목적지향적인 활동능력이다(Zimmerman, 1989, 1990).

양명희(2000)는 자기조절 학습모형에서 인지전략의 사용, 메타인지전략의 사용, 숙달목적 지향성, 자아효능감, 성취가치감, 행동통제, 도움구하기, 학업시간의 관리를 자기조절 학습 구성요소로 제안하였다. 그리고 인지전략의 사용과 메타인지전략의 사용을 인지조절 능력이라고 하였고 숙달목적 지향성, 자아효능감과 성취가치감을 동기조절 능력이라고 하였으며 행동통제, 학업시간관리와 도움구하기를 행동조절 능력이라고 하여 세 차원으로 구분하였다. 본 연구에서는 학습자 스스로 자신의 학업성취를 촉진하고 학습 향상에 능동적인 역할을 하는데 필요한 이 세 가지 능력을 자기조절 학습능력이라고 하였다.

정의적 특성

정의적 특성은 감정이나 정서를 나타내는 인간의 속성으로 태도, 정서, 흥미, 의지, 가치관 및 인성 성향을 포함하는 심리적 특성인데, 일반적으로 학생들이 학교를 통해서 형성하게 되는 정의적 특성으로 자아개념, 학교에 대한 태도, 만족도를 들 수 있다(Bloom, 1976). 본 연구에서는 학문적 자아개념, 자아존중감과 자신감, 정서적 자아개념의 세 요인을 포함하는 일반적 자아개념과 학교에 대한 정서적 측면과 가치판단적인 측면을 포함하는 학교에 대한 태도를 학습자의 정의적 특성이라고 보았다.

학업성취도

학업성취란 표준화 학력 진단검사에서 학습자가 받은 점수를 의미하는데, 본 연구에서는 동기설계 수업모형이 적용된 후의 사회교과 학업성취 검사에서 얻은 점수를 학업성취도로 보았다.

II. 이론적 배경

본 연구를 위한 이론적 배경으로 동기설계 수업모형, 자기조절 학습능력, 그리고 학습에서 동기 유지와 자기조절과의 관계를 살펴보고, 자기조절 학습과 학업성취 및 정의적 특성간의 관계에 관련한 이론을 검토하였다.

1. 동기설계 수업모형

Keller의 동기유발 이론을 알아보고, 동기자극 전략, 동기설계 4단계과정, 그리고 10단계 ARCS 동기설계 수업모형을 살펴보았다.

Keller의 동기유발이론

이 십 년 이상 동안, Keller는 교수활동에서 동기내용을 체계적으로 구체화하고 이해하기 위해서 인간의 동기를 결정짓는 여러 가지 변인들과 그에 관련된 구체적인 개념과 전략을 제시해 주는 이론을 정립했는데, 그것이 ARCS 동기유발 이론이다.

Keller(1983)는 동기화 된 학습자가 가지게 되는 주의집중, 관련성, 자신감, 만족감의 네 가지 동기구성요소를 표 1과 같이 제안하였고 이들의 영문 첫 글자를 따서 ARCS라고 명명하였다. ARCS이론은 수업에서 주의력을 집중시키고, 학습자들의 흥미지속과 학습할 내용에 대한 관련성을 확인시키고, 학습자들에게 자신감을 주며, 학습과제의 성공적인 결과에 대한 만족감을 갖도록 하는 것이 중요한 목적이다.

표 1 ARCS모형의 동기구성요소

주요요소	하위요소	핵 심 질 문
주의집중	지각적 지각	호기심 증가를 위해 어떻게 할 것인가?
	탐구적 지각	탐구태도를 어떻게 유발할 것인가?
	다양성	주의집중 유지를 위해서 어떻게 할 것인가?
관련성	목적지향성	학습자의 요구와 어떻게 관련시킬 것인가?
	동기와의 일치	적절한 수준을 선택하여 언제 제공할 것인가?
	친밀성	수업내용과 학습자의 경험을 어떻게 관련시킬 것인가?
자신감	성공기대감	성공기대감을 어떻게 줄 수 있을 것인가?
	성공기회제시	자아효능감을 어떻게 향상시킬 것인가?
	개인적 조절감	학습결과의 귀인을 어떻게 스스로의 노력과 능력에 의한 것이라고 이끌 것인가?
만족감	내재적 강화	학습에 쾌감을 느낄 수 있는 방법은 무엇인가?
	외재적 강화	외적 보상제공을 어떻게 할 것인가?
	공정성 강조	성취에 대한 긍정적 느낌을 가지도록 어떻게 할 것인가?

ARCS이론의 원천은 Tolman(1949)과 Lewin(1935)의 기대·가치이론이다. 기대·가치이론가들은 개인의 동기를 학습자가 학습내용에 주는 가치와 성공적으로 해결할 수 있는가에 대한 기대와의 상호작용결과라고 설명하였다. Keller는 초기이론에서 가치의 범주를 주의력과 관련성 요소로 나누었고, 기대의 범주를 자신감과 만족감 요소로 나누어 보다 구체화하였다. ARCS모형은 어떠한 동기전략들을 얼마나 많이 사용하는지에 대한 결정을 하는데 도움을 주는 체계적 모형이고, 학습동기를 유발하고 지속시키기 위하여 학습환경의 동기적 측면을 설계하는 모형이다(Keller, 1983, 1987a). 이 모형은 두 가지 주요 부분으로 구성되어 있다. 그 하나는 동기의 구성요건을 분류해 놓은 것이고, 다른 하나는 학습자에 대한 적절한 동기 향상 방법을 구안하는 체계적인 설계 과정이다. 이것은 학습동기 요인들을 확인

하는 데 도움을 주고, 처해진 학습환경에서의 학습자 동기특성을 파악하는 데 도움을 주기 때문에 알맞은 동기전략을 처방하도록 해준다.

동기자극 교수전략

Keller(1987a)는 학습자를 동기화 하는 일을 잇달아 일어나는 과정으로서 설명하고자 하였다. 먼저 학습자들을 주의집중 시키고, 그러한 학습활동 분위기에서 학습을 이끌어 간다. 교사가 아무리 열심히 교수활동을 한다고 할지라도 교수방법이나 속도에 변화가 전혀 없다면 학습자들의 주의집중은 지속될 수 없다. 학습자들은 교수활동이 계속해서 진행되기 전에 왜 이 학습을 해야만 하는 지에 대한 질문을 던져봄으로써 관련성을 찾는다. 비록 학습내용에 개인적인 관련성이 있고 주의집중이 된 학습자라고 할지라도 동기가 시들할 수 있다. 이것은 자신감의 문제 때문이다. 그리고 학습자가 학습을 지속하고자 하는 생각을 갖도록 하기 위해서는 만족감을 느끼게 해야한다. 그렇다면 교사나 교수설계자들이 동기를 불러일으키기 위한 교수전략에는 어떠한 것이 있을까? Keller(1987a)는 다음과 같은 네 가지 전략을 제안하였다.

주의집중 얻기와 유지하기

주의집중을 얻기 위해서는 일관성, 신기함, 변화성에 적절한 균형을 이루는 것이다. 학습자들은 각각 자극에 대하여 반응하는 것이 다르다. 교사가 학습자들의 선호하는 환경과 전략을 이해하고 그러한 전략을 어떻게 적용할 것인가를 연구함으로써 학습자를 수업에 집중시키고 흥미를 집중시킬 수 있을 것이다. 주요 전략으로는 새로운 방법을 사용하거나 감각적 내용으로 호기심과 놀라움을 일으키는 지각적 각성과 질문, 역설, 도전적인 사고를 통한 호기심 증진 그리고 자료를 제시하는 형식이나 목소리의 고저, 예상하지 못했던 사건들의 변화를 통한 흥미 지속하기 등이 있다.

관련성 높이기

관련성의 가장 일반적인 의미는 개인의 목표달성을 포함한 개인의 욕구나 희망을 인지하는 것이다. 관련성의 목적지향과 수단지향의 두 가지 측면이다. 동기화를 위해서는 우선 학습내용이 학습자의 목적달성에 도움이 될 것이라고 인식해야 하고, 교수자가 교수목표 진술을 통해서 유용성을 인식하도록 도와줄 수 있어야 한다. 동기의 의미는 무엇을 가르치느냐 보다 어떻게 가르치느냐와 관련이 있다. 그래서 교사는 학습자의 동기나 가치를 관련시키기 위한 기회를 제공해 줌으로써 동기화를 도울 수 있다. 예를 들면 지도자적 책임감, 개인적인 성공기회, 긍정적인 역할 모델 등의 제공을 통해서 학습자의 동기와 가치에 민감하게 반응하는 수업을 만드는 것이다. 마지막으로 관련성의 요소로써 친밀성을 포함하였다. 사람들은 이미 믿고 있거나 알고 있는 것들에 대하여 더 많은 즐거움을 느끼고, 친밀성이 많으면 많을수록 학습자들은 더 많은 관련성을 지각한다.

자신감 확립하기

자아효능감은 학습자가 학습에 대하여 자신감을 갖는 것이다. Keller(1987a)는 자신감을 갖도록 하기 위한 세 가지 전략을 제안하였다. 첫째, 교수자는 학습자의 기대가 무엇인가를 명확히 해줌으로써 성공에 대한 긍정적인 기대감을 형성시킨다. 둘째, 학생들에게 학습의 성공을 증가시키는 많은 다양한 경험과 성공기회를 제공하여 역량에 대한 신념을 증가시켜 주는 것이다. 셋째, 귀인이론이나 자기조절이론과 관련시킨다. 교수자는 학습이 효과적인 학습전략과 그들 자신의 노력의 결과라는 것을 인식하도록 도와주고 학습자 자신의 통제정도와 관련이 있다는 것을 알려줌으로써 자신감을 확립할 수 있다.

만족감 일으키기

  만족감을 일으키기 위한 세 가지 전략을 제안하였다. 첫째, 개인적인 노력과 성취에 대한 긍정적인 느낌을 제공할 수 있는 피드백이나 정보를 제공함으로써 학습경험에 대한 내재적 즐거움을 격려하고 지원해 주는 내재적 강화이다. 이 전략은 학습자들에게 그들이 배웠던 것에 대한 가치를 확인시켜 주는 것과 목적달성에 대한 자존심을 강화하는 것에 초점을 두고 있다. 둘째, 언어적 칭찬, 실제적인 보상을 사용하고 학습자들로 하여금 그들의 성공에 대한 보상을 제시하도록 하는 외재적 강화이다. 외재적 동기 유발 시 어려운 점은 아주 드물게, 간헐적으로 사용해야 한다는 것이다. 강화가 일상적으로 이루어지면 강화의 가치를 잃게 되기 때문이다. 셋째, 진술된 기대와 수행요건을 일치시키고 학습자의 과제와 성취에 있어서 일관성 있는 측정기준을 사용하는 공정성이다. Keller는 동기 구성요소와 함께 표 2와 같이 학습자의 동기화 과정에 기여할 수 있는 전략을 제시하였다. 최근 ARCS모형과 그것의 적용에 관한 연구를 통하여 흥미 있는 결과가 확인되었다. 예를 들면 초등학교 일 학년 교사들이 학습과정에서 ARCS모형의 네 가지 전략을 사용하였는데, 과제 수행 행동에서 관련성에만 가장 긍정적인 관계가 나타났다(Newby, 1991).

표 2 ARCS모형에서 제안한 동기자극 교수전략

동기요소	구현전략
주의력 집중과 유지하기	■ 새롭고 예상하지 않았던 교수 접근에 의하여 학생들의 주의력을 붙잡는다. ■ 신비감을 야기하는 문제로 호기심을 자극한다. ■ 다양한 교수 전개 방법으로 학생들의 주의력 유지한다.
관련성 높이기	■ 교수가 개인적 목표에 얼마나 관련되는지 진술함에 의해 유용성에 대한 인식을 증가시킨다. ■ 학습자의 동기와 자기관찰, 지도력, 협동심의 가치를 연결하는 기회를 제공한다. ■ 학습자의 사전경험을 강화함으로써 친근감을 증가시킨다.
자신감 확립하기	■ 교수목표와 목적을 명확히 함으로써 긍정적 기대를 창출한다. ■ 선택적으로 그들 자신의 목표를 설정하도록 허락한다. ■ 도전하는 목표를 성공적으로 달성하기 위한 기회를 학습자에게 제공한다. ■ 그들 자신의 학습을 통제하는 합리적인 수준을 제공한다.
만족감 일으키기	■ 학습자에게 새롭게 획득한 기술을 사용할 기회를 제공함에 의해서 만족할 만한 결과를 창출한다. ■ 만족감을 느낄 수 있는 만큼의 결과가 없을 때는 언어적 칭찬, 실질적이고 상징적인 보상과 같은 긍정적 결과를 사용한다. ■ 기대한 산출물을 조화시키고 일관성 있는 기준을 유지함으로써 공정성을 확보한다.

동기설계 4단계 과정

동기설계는 학습동기를 유발하고 지속하기 위해 전략을 마련하여 실시하는 체계적인 과정이다. 구체적인 동기설계 과정은 표 3에서 보는 바와 같이 첫째, 학습자의 특징 분석하기 둘째, 동기목적 명확히 하기 셋째, 동기전략 설계하기 넷째, 동기전략을 실행하고 평가하기이다(Keller, 1994). 먼저 학습자의 특징을 분석하는 단계에서는 ARCS에 기초하여 학습 대상자의 동기 특징을 분석하고 진단한다. 다음에 진단한 학습자의 동기 특성에 기초하여 동기 목적을 명확하게 설정한다. 그리고 설정한 동기목표 달성을 위한 다양한 전략을 구안·선택하여 수업에 어떻게 통합할 것인가를 연구한다. 마지막 단계에서는 적절한 동기전략을 통합한 수업안을 실행한 후 피드백을 통하여 수정 및 보완을 한다.

표 3 Keller(1994)의 동기설계과정

단 계	동기설계과정 내용
단계 1 학습자의 특징 분석하기	▶ ARCS에 기초하여 학습자의 특징을 분석하고, 동기프로필을 개발한다.
단계 2 동기목적 명확히 하기	▶ 학습자의 특징 분석 동기 프로필을 기초하여 동기의 목적을 명확히 한다.
단계 3 동기전략 설계하기	▶ 동기 전략을 설계하고 교수하는 가운데 통합한다.
단계 4 동기전략 실행 및 수정	▶ 실행하고 필요하면 전략을 수정한다. 학생들은 학습수행 능력에 자신감이 부족하고 아직 불안하다. 그래서 자신감에 대한 동기유지를 위해 동기전략을세분함으로써 더 새로운 방침을 제공한다.

10단계 ARCS 동기설계 수업모형

Keller와 송상호(1999)는 Keller(1994)의 동기설계 4단계 과정을 구체화하고 정교화 한 10단계 ARCS 동기설계 수업모형 과정을 표 4와 같이 제안하였다. 체계적 동기설계에서 핵심적인 내용은 수업에서 사용할 동기전략의 수와 유형을 결정하는 것이다. 10단계 ARCS 동기설계 수업모형은 이러한 면에서 매우 중요한 역할을 한다.

표 4 동기설계 수업모형

일반적 단계	동기설계 수업모형 단계	내 용
분 석	1. 수업 정보획득 2. 학습자 정보획득 3. 학습자 동기분석 4. 기존 교재분석	수업의 설명 ,수업의 정당화, 맥락, 교사정보, 선수능력수준, 학교나 일에 대한 태도 동기프로파일, 수정 가능한 영향 요인 긍정적 특징, 부족함이나 문제점, 관련 쟁점
설 계	5. 동기목표 설정 및 측정방법 열거 6. 예비전략 열거 7. 최종전략 선택 8. 교수전략에 통합	동기설계의 목적, 학습자 행동, 확인방법 전략의 브레인스토밍, 수업전체의 흐름 통합된 전략 향상전략, 유지전략 설계의 통합, 포함시기, 수정사항
개 발	9. 교재 선택 및 개발	사용 가능한 교재 선택, 수정, 새로운 교재 개발
평 가	10. 평가 및 수정	학생반응획득, 만족감결정, 필요할 때는 수정

동기설계 과정은 가장 먼저 수업 교과와 학습자에 대한 정보를 검토하고, 이 정보들을 기초로 하여 학습자가 지니고 있는 학습동기의 유발 정도와 결손 부분을 진단하는 학습자 동기분석을 한다. 학습자 동기분석을 한 후에, 기존교재들이 동기유발 측면에서 부족한 점이 있는지를 분석한다. 그리고 동기목표를 설정하고 그 측정도구를 결정한다. 이어서 동기목표 달성에 필요한 예비전략을 열거한다. 이것은 브레인스토밍 기법을 활용하여 하는데 수업의 초기단계, 중간단계, 마무리단계에 필요한 동기전략을 주의집중, 관련성, 자신감, 만족감이라는 동기의 4영역으로 구분하여 열거한다.

다음에는 실제로 사용될 동기전략을 선택준거에 맞게 최종적으로 선택하고 선택된 전략들을 통합하여 사용하도록 한다. 그리고 선택된 전략들을 교수전략과 통합하여 설계를 마무리한다. 마지막으로 설계된 내용을 실현하기 위해 기존의 교재들을 선택하거나 새로운 교재를 개발하여 교수전략들을 선택한 후 실행한다. 그리고 실행한 후 평가를 한 다음 수정작업이 필요할 때는 수정을 한다.

수업정보획득 단계

수업정보획득단계는 동기설계 과정에서 먼저 가르치고자 하는 수업에 대한 정보를 검토하는 것으로 다음과 같은 4가지의 구성요소를 가진다. 수업에 대한 설명, 수업의 정당화, 맥락, 교사정보획득을 포함한다. 이러한 정보를 바탕으로 동기전략 설계에 필요한 노력, 알맞은 동기전략을 설계할 수 있는 것이다. 수업을 설명할 때는 수업목표 진술, 수업내용 요약, 가르칠 횟수, 수정계획 등이 종합적으로 서술되어야 한다. 수업목표를 진술하는 것은 학생들에게 학습시키고자 하는 것을 교사 자신이 분명하게 인식하고 있어야 하기 때문이다. 수업내용을 요약해 보는 것은 학습내용에 대해 교사 스스로가 어느 정도나 이해하고 있는지를 점검해 보는 계기를 마련하기 위해서 이다. 대상 학습자들의 수준에 맞게 어떠한 학습내용이 제공되고 있는지를 사전에 검토하여 수업설계 및 진행의 방향을 결정하도록 해야 한다. 가르쳐야 할 횟수를 미리 생각해 보는 것은 사용할 동기유발 전략의 개발에 어느 정도의 투자를 해야 할 지를 결정하는 데 도움을 준다. 수정계획은 동기유발 전략을 개발하는 데 필요한 시간을 산정하기 위해 필요하다. 아무리 동기유발적인 전략이라도 시간에 쫓기는 교사가 자신의 능력 범주에서 개발할 수 있는 것인지도 판단해야 한다.

수업의 정당화에서는 수업의 필요성과 학습자 관련성이 서술되어야 한다. 수업의 필요성을 진술하는 것은 수업을 정당화시키는 기초가 된다. 수업이 개발되고 실시되는 데는 교육과정에 명시되어 있거나 학교장의 교육철학을 반영하기 위해서 이거나 학부모가 특별히 원했기 때문에 등 여러 가지 이유가 있을 수 있다. 학습자의 관련성이란 학습자가 해당수업을 통해 어떠한 이득을 얻을 수 있는지를 말한다. 교사는 학생의 입장에서 학습자에게 유익한 점을 나열해 보는 노력이 필요하다.

맥락에서는 다른 수업과의 관련성과 수업내용 전달 방법이 종합적으로 서술되어야 한다. 다른 수업과의 관련성을 확인하는 이유는 학습자들의 선수학습이나 준비도에 대한 정보를 획득하여 같은 내용의 반복으로부터 오는 지루함을 방지하기 위해서이다. 또는 그 정보를 수업내용 제시에 언급하면서 학습자들에게 친밀성을 유발시킬 수 있다. 수업전달체제에 대한 정보를 확인하는 것은 수업 실시를 위해 가장 기본적인 틀을 확인하는 것으로서 교사가 어떠한 전략을 활용할 지에 대한 기본 지침을 시사 받게 된다. 수업전달체제에는 교사주도 교실강의, 학생중심의 협동학습, 웹 기반학습 등 여러 가지가 있다. 이때에 전달체제와 매체를 혼동해서는 안 된다. 하나의 전달체제 안에서 교사들은 동기설계에 중요한 실물화상기, 슬라이드쇼, OHP 등의 다양한 매체를 사용할 수 있다. 전공지식과 경험이 많을수록 다양한 동기유발전략을 구안해낼 수 있다.

교사의 정보획득에서는 전공의 숙달정도, 선호하는 수업방법, 선호하지 않는 수업방법 등이 서술되어야 한다. 주요한 것은 교과전문성을 향상시켜 가면서 동시에 하나의 수업을 동기유발이라는 측면에서 항상 새로이 바라보는 교사의 노력이라고 할 수 있다. 이를 위해서는 교사가 수업을 설계할 때마다 자신의 전문성을 진단하고 수업에 연결시키려는 노력을 해야한다. 선호하는 수업방법이란 교사가 사용하기를 좋아하는 수업방법을 말한다. 어떤 교사는 설명하는 수업 방법을 선호하고 어떤 교사는 직접 설명하기 보다 학생들과 문답식으로 수업을 진행하기를 선호할 수 있다. 교사가 특정 수업방법을 선호한다는 것은 취향에 맞아서 그럴 수도 있지만 활용할 줄 아는 방법이 많지 않기 때문일 수도 있다.

따라서 교사가 선호하는 수업전략과 선호하지 않는 수업전략을 판단해 보는 것은 적절한 동기유발전략을 개발하는데 필요한 기초정보를 제공한다. 선호하지 않는 수업방법이란 들어는 봤지만 사용해 본 적이 없거나 사용할 자신이 없는 수업방법들 이다. 이런 정보도 동기전략을 선택하는데 도움을 줄 수 있다.

학습자 정보획득 단계

학습자 정보획득단계는 수업정보획득 단계 정보와 더불어 다음 단계인 학습자 분석을 위한 기초를 제공하는 단계로 다음과 같은 4가지의 구성요소를 가진다. 전체 또는 소집단 정보, 학교에 대한 태도, 수업에 대한 태도, 선호하는 수업방법 등이다. 학습자의 동기분석 기초가 되는 학습자들의 동질성이나 소집단 조직에 대한 설명이 있어야 한다.

학습자 동기분석 단계

효과적인 학습을 위해 대상자 선택, 학습자 동기상태 기술, 동기 분석결과 그래프, 동기문제 근본원인 기록, 효과적 동기전략 기술, 빠진 항목 기술 등의 구성요소로 되어 있다. 먼저 동기 분석의 대상자를 선택한다. 선택된 학습자의 동기를 주의집중, 관련성, 자신감, 만족감측면에서 분석한다. 주의집중, 관련성, 자신감, 만족감이 과대 혹은 과소가 될 때 학습 수행은 감소하게 된다. 교사는 수업에 대해 학습자들의 적절한 주의집중, 관련성, 자신감, 만족감을 가질 수 있도록 학습자의 동기상태를 정확하게 분석해야 한다.

기존 교재분석 단계

기존 교재 분석시 주의집중 유발 및 유지의 긍정적인 특성과 부정적인 특성을 지각적 각성, 탐구적 각성, 다양성을 고려하여 기술하고 관련성 유발 및 유지의 긍정적인 특성과 부정적인 특성을 목적 지향성, 동기와의 일치, 친밀성 등을 고려하여 기술한다. 자신감 유발 및 유지의 긍정적인 특성과 부정적인 특성을 학습요건, 성공기회, 개인적 조절 등을 고려하여 기술하며 만족감 유발 및 유지의 긍정적인 특성과 부정적인 특성을 내재적 강화, 외재적 강화, 공정성 강조 등을 고려하여 기술한다.

동기목표 설정 및 측정방법 열거 단계

동기목표 설정은 학습자의 동기유발의 방향을 잡는 것이고, 측정방법 열거는 학습자의 동기 상태를 파악하는 방법을 열거하는 것이다. 동기목표 자체로부터 측정방법을 대충 확인할 수도 있지만, 교사가 관찰하고자 하는 행동, 특정한 측정도구 사용여부 및 사용 시기 등에 대해서 충분히 기술하는 것이 필요하다. 측정방법을 열거할 때는 수업에서 교사가 사용할 수 있는가의 여부, 즉 현실적 사용가능성을 고려한다.

예비전략 열거 단계

예비전략 열거는 앞 단계에서 설정한 동기목표를 성취하기 위한 구체적 전략들을 모두 열거하는 것입니다. 즉, 브레인 스토밍을 통하여, 조건에 부합하는 동기전략들을 미리 열거해 보는 것이다. 예비전략 열거는 수업초기, 중기, 마무리, 수업전체에서 사용될 것으로 예상되는 A, R, C, S별로 열거한다. 수업 초기에는 동기목표 설정 및 측정방법 열거 단계에서 파악된 동기문제들 중 수업시작 후 5-10 분 동안 해결해야 할 동기문제들을 대상으로 예비전략을 열거한다. 수업 중기에는 수업초기의 동기문제들이 해결되면서 학습자들에게 적절한 수준을 유지시켜줄 수 있는 예비전략을 열거한다. 수업 마무리에는 주로 만족감을 위한 전략들을 열거한다. 수업전체에는 수업초기, 중기, 마무리를 통하여 지속적으로 교사가 관심을 가지고 있어야 하는 동기 문제에 대한 예비 전략을 열거한다.

최종전략 선택 단계

최종전략 선택은 앞 단계에서 열거한 예비전략을 주어진 준거에 의해서 선택하는 것이다. 즉, 현실적인 준거에 유의해서 적합한 전략을 선택을 하는 것이고, 선택된 동기전략들을 관련 있는 것들끼리 통합한다. 최종전략 선택은 수업의 전체, 초기, 중반, 마무리에 해당하는 가장 적당한 전략을 선택하는 것이다. 이때 교사들이 주어진 기준을 고려하는 것이 중요하다.

수업설계와의 통합 단계

수업설계 통합단계는 수업내용 개관, 동기전략 개관, 그리고 기타의견의 세 가지 구성요소로 이루어졌다. 수업내용과 그에 적합한 동기전략, 그리고 수업설계자가 생각해 낸 기타의견들을 수업지도안에서 통합한다. 선택한 동기전략을 적용하기 위해서는 대상이 되는 수업의 내용이 있어야 한다. 수업내용 개관에서는 수업의 단계에 맞추어 수업의 흐름을 파악한다. 수업내용 개관의 어느 부분에 동기전략을 추가할지 아니면 통합할지를 결정하고 열거한다. 동기전략 개관에서는 수업의 단계에 맞추어 적합한 전략들을 나열한다. 이 단계에서 필요하다면 선택된 동기전략에 대한 수정을 한다. 기타 의견에서는 동기전략이 개발될 때 고려되어야 할 사항, 동기전략을 사용할 때 접근 방법 등을 다루게 된다. 수업설계자는 동기전략과 교수전략이 서로 조화를 이룰 수 있도록 전체맥락을 고려한다.

교재 선택 및 개발 단계

동기목표에 맞는 기본 동기전략 교재나 활동을 파악한다. 동기목표에 맞거나 약간의 수정만 필요한 기존 교수전략이나 학습활동을 열거한다. 수업 자체에 이미 동기유발속성을 지닌 교수전략이 사용되고 있을 수 있다. 이러한 것을 찾아내는 것은 동기목표 달성을 위한 시간과 비용 절감에 도움이 된다. 동기목표에 맞거나 약간의 수정만 필요한 기존 교수전략이나 학습활동을 열거한다. 실제로 개발해 내거나 기존 교재를 많이 수정해야 하는 동기전략들을 기술한다. 개발의 인원, 기간, 방법, 그리고 시간계획을 작성한다. 누가 개발의 어떤 일에 참여할 것이고 필요한 자원은 무엇인지 등에 대한 종합적 기술이 필요하다. 동기전략의 특징, 소요시간, 특정조건 등 개발결과로 기대되는 최종 산물을 열거해 본다.

평가 및 수정 단계

교사는 체크리스트를 활용하여 학습자의 반응을 직접 체크하거나 학습자의 자연스러운 코멘트를 기록할 수도 있다. 수업에 대한 학습자의 직접적인 대답을 듣기 위해 인터뷰를 실시할 수 있다. 학습자의 행동이나 언행을 관찰할 수도 있다. 교사가 평가하고 싶어하는 사항을 구체적으로 기록한다. 평가의 대상이나 장소, 시간 등에 관하여 평가 계획을 기술하고 평가 결과를 분석, 요약하여 기록한다. 평가에 대한 최종 결론을 내리고 수정사항을 구체적으로 기록한다.

이상으로 동기설계 수업모형 단계를 살펴보았는데, 가장 중요한 것은 학습자의 동기를 정확하게 진단하는 것이고, 그에 따른 적절한 동기전략을 수업설계 속에서 조화롭게 통합하여 설계하는 것이다. 이렇게 볼 때 동기설계 수업모형을 효과적으로 적용하기 위해서는 전문적인 수업설계자로서의 교사의 지식과 경험이 매우 필요함을 알 수 있다.

동기설계 수업모형과 전통적인 수업과의 비교

동기설계 수업모형은 여러 가지 면에서 전통적인 수업과 다르다. 영역별로 비교하면 표 5와 같다.

표 5 동기설계 수업모형과 전통적 수업의 비교

영 역	동기설계 수업모형	전통적인 학습
학습목표 설정	-학습자의 학습목표를 동기수준과 능력에 맞게 설정한다.	-학습자의 동기를 고려하지 않고 설정된다.
학습경험	-학습자의 학습동기 중시 및 개별화 학습을 하려고 노력함 -소집단 토의학습, 브레인스토밍 -활발한 표현기회 제공	-설명교수법 중심 -대집단 토의 학습 -교사중심활동
교사의 역할	-동기진단 및 분석, 동기유발 및 유지 -동기분석자, 학습조정자, 안내자, 촉진자, 협력자, 상담자	-지식의 전달자
개별화	-개별화 학습 -다양한 학습활동 보장	-교사가 학습자의 학습할 내용을 구체적으로 제시
학습장소	-동기분석에 따른 다양한 모둠조직 -학습에 유리한 자리이동 가능	-교사의 계획에 따라 획일적이고 고정적 좌석배치
학습내용	-개인의 동기와 능력에 따라 난이도 계열화	-교사가 교수자료 결정함
학습전략	-학습목표 달성을 위한 다양한 동기자극 전략 사용 -학습자의 동기유지를 극대화	-교사의 설명, 과제제시 등 한 두 가지 전략만 사용
강 화	-학습결과에 대한 공정한 보상 -내재적 보상과 외재적 보상 강화	-학업성취 평가결과의 교사에 의한 강화

영 역	동기설계 수업모형	전통적인 수업
평 가	-개별지도 가능 -동료평가, 자기평가 -동기정도와 능력에 따른 학습	-학습자의 동기 수준에 따른 학습기회 제공이 어려움. -개별지도 불충분 -교사평가
숙달정도	-학습부진아도 대부분 자기 학습 목표달성 가능	-학습한 내용을 숙달하지 못하는 학습자가 생김.
피드백	-학습자 스스로의 피드백 가능 -교사의 적절한 피드백이 가능	-교사에 의한 피드백으로 학습자에게 적절한 피드백을 기대하기 어려움.
학업성취	-학습자의 동기정도와 능력에 맞는 학습으로 성공기회가 많아 학업성취도 높음.	-일제학습으로 학습자의 동기정도와 능력에 맞는 수업을 하기 어려워 높은 학업성도 기대하기 어려움
학습매체	-학습목표 달성을 위한 다양한 매체 활용	-교사가 다루기 쉽고 익숙한 매체 활용
개인차	-학습자 동기분석 결과를 최대한으로 고려	-동기수준을 고려하지 못한 일제 학습

동기설계모형 관련 선행연구

표 6에서 보는 바와 같이 동기설계 수업모형이나 동기자극 교수전략을 적용하여 동기가 유발되거나 동기유지에 영향이 있음을 확인한 연구결과가 가장 많았다(조영숙, 1996; 박수경, 1998; 김홍경, 2000; 길현주, 2001; Keller, 1987, 1992, 1994; Bickford, 1989; Newby, 1991; Blumenfeld, 1992; Klein & Freitag, 1992; Fulford & Zhang, 1993; Means, 1997; Hoing & Gollwizer, 2000).

그 다음에는 동기설계 수업모형이나 동기자극 교수전략을 적용하여 학업성취 향상에 긍정적인 영향이 있음을 확인한 연구가 많았다(박수경, 김영환과 김상달, 1996; 조영숙, 1996; 박수경, 1998; 김홍경, 2000; 오승하,

2002; 최정묵, 2002; Mckeachie, Pintrich & Lin, 1985; Bickford, 1989; Means, 1997).

다음으로 동기설계 수업모형이나 동기자극 교수전략을 적용하여 인지적 영역에 긍정적인 영향이 있음을 확인한 연구가 있다(Mckeachie, Pintrich & Lin, 1985; Pintrich & Groot, 1990; Blumenfeld, 1992; Pintrich, 1999; Mcwhaw & Abrami, 2000; Perry & VandeKamp, 2000).

동기설계 수업모형이나 동기자극 교수전략을 적용하여 행동적 영역에 긍정적인 영향이 있음을 확인한 연구가 있다(조의상, 2001; Heckhausen, 1984; Mace, Belfior & Shea, 1989; Britton & Tessor, 1991). 동기설계 수업모형이나 동기자극 교수전략을 적용하여 정의적 특성에 긍정적인 영향이 있음을 확인한 연구가 가장 적었다(박수경, 김영환과 김상달, 1996; 최정묵, 2002; Perry & VandeKamp, 2000).

동기유지나 동기유발 연구가 가장 많은 이유는 동기설계 모형이 학습자의 현재 동기상태를 진단하고 체계적 과정을 통해서 적절한 동기전략을 선택·통합하여 수업의 동기적 특성을 향상시킬 수 있기 때문이다. 최근에는 동기를 향상시켜 줌으로써 학업성취, 인지영역, 행동영역, 정의적 특성 영역 등에도 영향을 미친다는 연구가 시도되고 있다. 그래서 본 연구에서도 동기설계 수업모형을 독립변인으로 하고 자기조절 학습능력을 종속변인으로 하는 연구를 통하여 효과를 확인해 보고자 하였다.

표 6 동기설계모형 관련 선행연구

종속변인 연구자	학업 성취	동기유발 동기유지	인지 영역	행동 영역	정의적 특성
박수경,김영환,김상달(1996)	○				○
조영숙(1996)	○	○			
박수경(1998)	○	○			
김홍경(2000)	○	○			
길현주(2001)		○			
조의상(2001)				○	
오승하(2002)	○				
최정묵(2002)	○				○
Heckhausen(1984)				○	
Mckeachie, Pintrich와 Lin(1985)	○		○		
Keller(1987)		○			
Bickford(1989)	○	○			
Mace, Belfior와 Shea(1989)				○	
Pintrich와 Groot(1990)			○		
Britton과 Tesser(1991)				○	
Newby(1991)		○			
Blumenfeld(1992)		○	○		
Keller(1992)		○			
Klein과 Freitag(1992)		○			
Fulford와 Zhang(1993)		○			
Keller(1994)		○			
Means(1997)	○	○			
Pintrich(1999)			○		
Honig와 Gollwitzer(2000)		○			
Mcwhaw와 Abrami(2000)			○		
Perry와 VandeKamp(2000)			○		○

2. 자기조절 학습능력

자기조절학습 연구는 80년대에 동기에 대한 사회인지 이론이 부상하고, 심리학 분야에서 자기조절 관련 연구가 이루어지면서 시작되었다(Schunk, 1984). 그리고 Zimmerman을 중심으로 한 교육학자들이 자신의 학습을 조절해 나가는 학습자들의 학습과정과 능력에 대하여 논의하였다. 1986년 Contemporary Educational Psychology 라는 학술지를 통해 첫 연구물들이 발표된 이후 현재까지 자기조절 학습은 행동주의에서부터 인지주의까지 다양한 이론적 관심을 받으면서 진행되고 있다.

자기조절 학습능력의 개념

Bandura(1977)에 의해 시도된 사회인지 관점의 자기조절 학습능력의 정의는 학습자가 자신의 학습활동의 주인이 되어 학습목표와 학습동기를 진단하고 학습에 필요한 인적·물적 자원을 관리하는 능력이다. Corno와 Mandinach(1983)는 자기조절 학습능력을 초인지적, 동기적, 행동적으로 학업성취를 촉진하여 학습에서 지식을 획득하는 능력이라고 하였다. 그리고 자기조절 학습능력은 넓은 의미에서 메타인지로 정의된다(Schmitt & Newby, 1986). 메타인지는 인지에 대한 지식과 인지에 대한 조절로 구성된다(Schmitt & Newby, 1986; Brown, 1987; Flavell, 1997). 인지조절 능력은 학습자가 효과적인 방법으로 인지활동을 통찰하고 평가하고 통제하게 하는 의사결정 능력이라고 말할 수 있다(Lee, 1993). 다시 말하면, 메타인지 조절 능력은 계획, 검색, 평가, 수정과 같은 전략들에 대한 지식을 획득하고 학습성과를 높이기 위해 자율적으로 이를 활용하는 자기조절 학습능력과 관련된다.

또한 Zimmerman(1989)은 자기조절 된 학습자란 자신의 학습과정에서 메타인지적, 동기적, 그리고 행동적으로 학습에 참여하는 능동적인 학습자라고 정의하였다. 그는 자기조절 학습능력에 대한 학자들의 이론적인 견해가 조금씩 다르다고 주장하면서, 공통적으로 다음과 같은 점을 포함하고 있다고 하였다. 그것은 학습자가 학업성적을 향상시키기 위해 학습과정, 학습전략, 반응을 유목적적으로 사용하는 능력과 학습자가 학습할 동안 자기지향적 피드백을 사용하는 능력, 그리고 학습자가 특별한 자기조절 과정, 전략을 사용하는 능력이다.

한편 Pintrich와 De Groot(1990)는 학습자가 자신에게 주어진 학습자료를 지각한 후에 그것을 조직하여 장기기억에 저장했다가 필요할 때 인출해 내는 인지능력과 인지를 관리하고 통제하는 메타인지 능력을 자기조절 학습능력으로 정의하였다. Paris와 Newman(1990)은 자기조절 학습능력의 발달적 측면을 강조하면서, 학습자는 스스로 자기조절에 도달할 수 있는 잠재력을 가지고 있다고 주장한다. 다시 말해서, 학습자의 자기조절 학습능력은 계속적인 경험을 통해 발달 또는 구성되어질 수 있는 것이며, 궁극적으로는 성숙된 독립성으로 표현된다. 계속적인 자기조절의 경험을 통해 학생들은 자기조절 학습자로서 스스로를 서서히 인식하게된다.

Ertmer와 Newby(1996)는 학업성취를 극대화시키기 위해 다양한 학습전략을 계획적으로 사용하는 학습자의 목표지향적인 행동을 자기조절 학습능력이라고 정의하였다. 자기조절 학습이론을 논하는데 있어서 빼 놓을 수 없는 것은 자기조절 학습전략이다. 실제로 자기조절 학습자는 학습 목표의 성취를 위해 다양한 자기조절 학습능력들을 적극적으로 사용하는 성향을 가지고 있다. 자기조절 학습자는 학습자로서 약점을 가지고 있다 하더라도 그것이 무엇인지 파악하여 학습목표에 성공적으로 도달하기 위한 방법을 찾아낸다. 이러한 목적을 위하여 자기조절 학습자가 사용하는 것이 바로 자기조절 학습능력이다.

Flavell(1997)에 따르면, 메타인지적 지식은 학습자의 학업 성취에 영향을 미치며 학습자로서 자기자신에 대한 지식, 학습과제의 본질에 대한 지식, 그리고 전략에 대한 지식을 포함한다. 학습자로서 자기자신에 대한 지식은 자신의 약점과 강점, 학습능력, 그리고 동기 및 학습태도를 아는 것이며, 학습과제에 대한 지식은 학습과제가 요구하는 바와 난이도를 파악하는 것이며, 학습능력에 대한 지식은 성공적인 학업성취를 위하여 사용될 수 있는 전략들에 대한 인식 및 활용능력을 말한다. 신민희(1998)는 자기조절 학습능력을 학습자가 다양한 전략을 체계적으로 학습에 이용하고, 학습목표의 성취를 위해 동기를 유지하고 자발적으로 학습활동에 참여하는 전략적인 학습능력이라고 정의하였다. 양명희(2000)는 자기조절 학습모형에서 인지전략의 사용, 메타인지전략의 사용, 숙달목적 지향성, 자아효능감, 성취가치감, 행동통제, 도움구하기, 학업시간의 관리를 자기조절 학습 구성요소로 제안하였다. 그리고 인지전략의 사용과 메타인지전략의 사용을 인지조절 능력이라고 하였고 숙달목적지향성, 자아효능감과 성취가치감을 동기조절 능력이라고 하였으며 행동통제, 학업시간관리와 도움구하기를 행동조절 능력이라고 하여 세 차원으로 구분하였다.

자기조절 학습자와 그렇지 않은 학습자를 구분 짓는 주요한 특징은 학습에 대한 주인의식, 책임의식, 자아효능감, 계획성, 통제인식, 학습지향성, 전략적 접근 방식의 활용, 목표 지향성과 같은 특징이 자기조절 학습자들의 고유한 성향이자 자기조절 학습을 가능케 하는 원동력이라고 말할 수 있다(McCombs & Marzano, 1990).

이상에서 살펴 본 바와 같이 자기조절 학습능력에 관한 정의는 학자들마다 조금씩 차이가 있으나 이는 인지, 동기, 행동 측면에서 학습자가 학습과정을 자발적으로 계획, 조직, 조절, 통제하면서 학습과정에 적극적으로 참여하는 능력을 뜻함을 알 수 있다.

자기조절 학습능력의 구성요소

자기조절 학습능력의 구성요소는 연구자의 지향하는 관점에 따라 다양하다. Zimmerman과 Pons(1986)는 자기조절 학습능력을 자신의 학습을 평가하는 자기평가 능력, 학습향상을 위한 교수자료를 재배열하는 정보조직·변환 능력, 교육목적을 설정하고 관련된 활동의 전개계획을 수립하는 목표설정·계획능력, 다양한 방법으로 정보를 탐색하는 능력, 학습내용과 결과를 기록하고 정리하는 기록유지·검색능력, 학습효과를 높이기 위한 물리적인 환경을 선택하고 활용하는 환경구조화능력, 학습의 성공이나 실패에 따라 보상이나 벌을 스스로 제공하는 자기강화능력, 학습자료 기억을 위한 시연·암기능력, 교사나 동료에게 도움을 구하는 도움구하기능력, 그리고 성공적인 학습결과를 위한 교과서나 공책을 검토하는 자료점검능력과 같은 10가지 요소로 표 7과 같이 범주화하였다.

표 7 Zimmerman과 Pons의 자기조절 학습능력

구성요소	내 용
자기평가능력	자신의 학습을 스스로 평가하기
정보조직과 변환능력	학습향상을 위한 교수자료를 재배열 하기
목표설정과 계획능력	교육목적을 설정하고 관련된 활동계획 수립하기
정보탐색능력	다양한 방법으로 정보를 탐색하기
기록유지와 검색능력	학습내용이나 결과를 기록하고 정리하기
물리적 환경구조화능력	학습효과를 높이기 위한 물리적인 환경을 선택하고 활용하기
자기강화능력	학습의 성공이나 실패에 따라 보상이나 벌을 스스로에게 제공하기
시연과 암기능력	학습자료 기억을 위한 반복하고 노력하기
도움구하기능력	교사, 성인, 동료로부터 도움 구하기
자료점검능력	좋은 학습결과를 위해 교과서, 공책을 검토하기

자료출처: Zimmerman, B. J.와 Martinez=pons, M.(1986). Development of a structured interview for assessing student use of self-regulated learning strategies. American Educational research Journal, 23, 618.

Corno(1986)는 자기조절 학습능력으로 정보처리 통제, 동기통제, 환경통제와 같은 메타인지 요인을 강조했다. 자기조절 학습능력의 동기 요소를 강조한 Pintrich(1989)는 중심요소로 인지요인, 자원관리요인, 동기요인으로 구분하였는데, 인지요인은 과제암송, 정교화, 조직화를 포함하고 자원관리요인은 배당된 시간의 관리, 환경적 조건의 관리, 과제수행 노력의 분배관리, 필요한 도움의 요청 등을 포함한다. 동기요인은 내적지향, 과제의 중요성, 신념, 성공에 대한 기대를 포함한다. Sink(1991)는 자기조절 학습능력의 구성요인을 인지적인 면과 정의적인 면으로 파악하였다. 인지적인 면에는 일반적인 학습전략, 학습과 수행에 대한 메타인지적 통제가 포함되며, 정의적인 면에는 일반적인 자아효능감 영역, 특수적인 자아효능감 영역, 통제 부위, 내적 동기, 자아존중감, 숙달경향성이 포함된다고 말하였다.

한편 박승호(1995)는 메타인지, 메타동기, 의지통제를 자기조절 학습능력의 중요한 구성요소로 제시하였다. 메타인지란 자기조절 학습자가 자신의 학습을 계획, 점검, 조절하는 것을 의미하고 메타동기는 자신의 동기과정을 인식하는 것으로 학습자들이 계속적으로 동기를 가지고 학습하게 되는 보다 높은 수준의 능력을 말한다. 의지통제란 학습하는 동안의 내적·외적장애요소를 통제하면서 학습목적을 달성하게 하는 심리적 기제를 말한다. 신민희(1998)는 자기조절 학습능력 구성요소로 전략적인 지식, 통제인식, 학습지향성, 잠재적 학습능력의 개발을 위한 사회적 상호작용이라고 하였다. 전략적 지식이란 학습자가 학습목표에 체계적으로 접근하기 위해 사용할 수 있는 자기조절 학습전략이 무엇이며, 언제, 어떻게 사용하는 것인지에 대해 아는 것을 말한다. 통제인식은 자기조절 과정에 영향을 미치는 동기적 요인으로 학업성취의 성공이나 실패의 결과가 학습자 자신에게 책임이 있다고 이해하는 것을 말한다(McCombs, 1984). 학습지향성은 자신의 지식을 확장하고 의미 있는 이해를 구성해 나가기 위한 관점으로 학습목표에 접근하는 경향을 말한다(Corno, 1992). 학습지향성은 자기조절 학습자의 중요한 능력 중의 하나이며 학습지향성을 가지고 있는 학생들은 보다 적극적으로 자기조절에 도달할 수 있는 가능성이 있다고 보여진다(Corno, 1992). 잠재적 학습능력 개발을 위한 사회적 상호작용이란 도움추구나 정보추구와 같은 전략들을 사용하는 능력이다.

이상을 종합해 보면 자기조절 학습능력의 구성요소는 학자들의 관심에 따라 다소 차이가 있으나 인지조절 요인, 동기조절 요인, 행동조절 요인으로 말할 수 있다. 그러므로 본 연구에서도 선행연구 고찰내용을 근거로 인지조절 요인, 동기조절 요인, 행동조절 요인을 자기조절 학습능력의 중요 구성요소로 보았다. 특히 인지조절 요인에는 메타인지전략 사용능력과 인지전략 사용능력이 포함되고, 동기조절에는 숙달목적 지향성, 자아효능감, 성취가치감이 포함되며, 행동조절에는 행동통제, 학업시간관리, 도움구하기 등이 포함된다. 지금까지 살펴 본 자기조절 학습능력의 구성요소를 제시하면 표 8과 같다.

표 8 자기조절 학습능력의 구성요소

자기조절 학습능력	인지조절 능력	인지전략 사용 메타인지전략 사용
	동기조절 능력	숙달목적지향성 자아효능감 성취가치감
	행동조절 능력	행동통제 학업시간관리 도움구하기

본 연구에서 자기조절 학습능력의 중요한 구성요소로 본 인지조절 능력, 동기조절 능력, 그리고 행동조절 능력에 관한 설명은 다음과 같다.

인지조절 능력

인지조절 능력은 학습자가 학습하는 동안에 몰두하는 행동과 사고로서 과제수행에 필요한 체계적인 계획이다(Weinstein & Mayer, 1986; Schunk, 1990). 그리고 인지조절 능력은 크게 인지전략 사용능력과 메타인지전략 사용능력으로 구성된다(Flavell, 1979; Alexander, 1997). Weinstein 과 Mayer(1986)는 인지전략의 하위변인으로 시연, 정교화, 조직화를 설정하였고 Brown(1987)은 메타인지전략의 하위변인으로 계획, 점검, 조절을 설정하였다.

인지전략 사용능력이란 학습자가 자료를 파악하는데 사용하는 실제적인 전략을 사용하는 능력으로서 대체로 시연, 정교화, 조직화 전략사용을 포함한다(Pintrich & Groot, 1990). 시연은 단기기억 속에서 정보를 유지하기 위한 전략으로서(Weinstein & Mayer, 1986), 학습내용을 외우는 것과 관련된다. 시연은 교과서의 내용에 집중하고, 중요한 정보가 무엇인지를 선택하는 데는 도움을 주지만 새로운 정보를 이미 알고 있는 내용에 통합시키는 데는 효과석이지 못하다. 그래서 정교화 전략이 필요한데, 정교화 전략은 학습자료를 유의미하게 하기 위하여 새 정보를 이전 정보와 연관시키는 데 사용하는 전략이다. 이것은 언어나 이미지로 이루어지며, 정보처리이론의 관점으로는 새로운 정보를 이전의 정보와 관련시켜 정보를 장기기억 안으로 저장하는 것이라고 말할 수 있다. 요약과 질문하기 방법은 새 정보를 이전의 지식과 관련시키는 적극적인 인지활동이다(Weinstein & Mayer, 1986). 그러나 조직화전략은 학습 내용의 요소를 논리적으로 구성해 보는 것으로 중요한 개념을 중심으로 내용을 분석해 보거나 이들간의 관계를 추론하는 것이다.

학습자는 자기조절을 지속적으로 경험함으로 해서 자기조절 능력을 향상시키는 방법을 깨달아간다(Gagne, 1985). 메타인지전략 사용능력은 자신의 인지를 통제하고 조절하는 전략들을 사용하는 능력이라 할 수 있으며 Brown(1987)은 이를 계획, 점검, 조절로 나누었다.

계획은 어떻게 전략과 정보처리를 구성하고 활용할 것인지에 대한 생각이다. 차례 살펴보기, 훑어보기, 무엇을 묻는지 추측하기가 여기에 해당한다. 점검은 자신의 이해정도를 확인하는 것을 일컫는다. 메타인지의 핵심을 이루기 때문에 메타인지적 활동은 점검 없이는 설명이 불가능하다(Weinstein

& Mayer, 1986; Zimmerman, 1990). 학습내용에 집중하기, 자신의 이해정도 평가하기가 여기에 해당하며 수행의 결과 내재적 흥미를 높여주는 역할을 한다(Morgan, 1985). 조절은 점검활동과 관련되어 있다. 자신의 인지활동을 점검한 후 다음 활동을 적절하게 조정하는 활동이다.

인지전략을 사용하는 목적이 학습 내용을 알고, 기억하고, 이해하는 데 있다면, 메타인지전략은 자신의 인지를 계획, 검토, 수정하는 데 있다. 따라서 인지전략은 학습내용의 이해를, 메타인지전략은 자신의 인지과정을 조절하고 통제하는 것을 목적으로 사용한다는 점에서 차이가 있다. 자신의 학습과정을 계획하고, 점검, 조절하는 메타인지전략 사용능력은 중요한 자기조절 학습능력이다(Zimmerman, 1986).

동기조절 능력

동기조절 능력이란 학습에 참여하는 이유와 목적에 대한 동기적 특성을 조절하는 능력을 말한다. 자기조절 학습능력과 관련하여 여러 동기 변인이 제안되었지만 그 중 숙달목적 지향성, 자아효능감, 과제가치가 특히 중요하다. 이러한 변인들은 학습전략의 사용뿐만 아니라 학업성취와도 밀접한 관계를 형성하면서 자기조절 학습능력의 동기적 측면을 이루고 있다(양명희, 2000).

Butler(1987)에 의하면, 숙달목적과 수행목적은 성취 활동에 접근하고 참여하는 이유, 학업에 대한 성공의 개념, 그리고 학습 결과에 대하여 생각하는 방법에서 차이점을 나타낸다고 하였다. 숙달목적은 학습에 개한 내재적 가치와 학습자의 노력을 강조한다. 따라서 숙달목적을 지향하는 학습자는 새로운 기능과 지식 습득을 지향하고, 과제를 이해하려고 노력하며, 능력 향상과 숙달됨을 느끼고자 한다. Ames(1992)는 노력을 토대로 한 전략을 강조함으로써 숙달목적 지향이 자기조절 학습능력의 한 측면을 이룰 수 있는 가능성을 보여 주었다. 노력을 하면 성공할 수 있고, 실패했을 때도 전략을 바꾸면 성공할 수 있다는 생각이 숙달목적을 지향하는 학습자들의 성향이라는 것이다.

　자아효능감은 자기조절 학습능력을 구성하는 중요한 변인이다. 자기조절을 효과적으로 하기 위해서는 자신의 능력에 대한 믿음이 있어야 할 것이다. Bandura(1982)는 어떤 목적을 달성하는 데 필요한 자신의 인지능력에 대한 생각을 자아효능감이라고 정의하였다. 스스로 무능하다고 생각하는 사람들은 과제수행 활동에 지장을 초래하고, 스트레스를 느끼지만 자아효능감이 높은 사람은 상황에 따라 알맞은 노력을 기울인다(Bandura, 1989). 따라서 자아효능감은 학습전략, 인지활동, 노력과 같은 자기조절 학습능력과 밀접한 관계를 지닌다.

　학습내용이 가치롭다고 생각될 때 학습자는 스스로 최선의 노력을 투자할 수 있다. 성취에 대한 가치를 느끼지 못한다면 보다 깊이 있는 인지전략 사용이 어려울 것이며 계획, 점검과 같은 메타인지 전략 사용은 더욱 어려워질 것이다. 여러 연구들은 학습을 가치롭게 여기는 학습자가 학습을 오래 지속한다고 제안하였다(Pokey & Blumenfeld, 1990; Millwr, Behrens, Green & Newman, 1993). Eccles와 Midgley(1989)는 주어진 학습을 가치롭게 여기는 이유를 성취가치감이라고 하였다. 그들은 성취에 대한 가치를 느끼지 않으면 비록 성공에 대한 가능성이 높다고 할지라도 학습내용에 몰두하지 않음을 주장하였다. 기대-가치에 대한 연구들에서는 기대와 가치가 긍정적인 상관을 이루고 있음을 보여주었다(Meece, Wigfield & Eccles, 1990). 학습자들이 다양한 학습과제에 대하여 가치감을 지각하는 것은 스스로 노력을 투자하기 위한 필요조건이고, 이러한 노력을 통해서 성공적인 과제수행이 가능하다. 이러한 측면에서 성취가치를 자기조절 학습능력을 구성하는 중요한 변인이라고 말할 수 있다.

행동조절 능력

　자기조절 학습 능력에 동기적 요소를 포함함으로써, 인지적 접근만으로는 부족했던 부분들을 설명하였다. 그런데 동기만으로는 효과적인 행동을 보장할 수 없다. 자기조절 학습은 학습내용에 대한 관련성과 가치감을 지각하면서 스스로 노력을 기울이는 학습활동이라는 점에서 행동적인 요소를 포함한다.

Kuhl(1985)은 행동통제를 개념화하였다. 그는 학습자가 동기화 된 목표를 향하여 노력하는 행동을 지속하는 현상을 의지라는 개념으로 설명하였다. 동기가 주로 어떤 목표를 정하기까지의 과정이라면 의지는 목표가 일단 정해지고 난 후 해결해 나가는 과정에 작용한다. 공부하는 것과 노는 것 중 공부를 택하는 것이 동기의 힘이라면 일단 공부를 시작한 후 컴퓨터 게임, 친구의 유혹과 같은 여러 방해물에도 불구하고 공부를 지속하는 것은 의지라 할 수 있다. 따라서 자기조절 학습능력에서의 행동통제는 다양한 어려운 조건에서도 포기하지 않고 학습을 지속해 나가는 능력이라고 할 수 있다.

근래 연구들은 학습시간을 계획하고 통제하는 학습자들의 인지과정에 초점을 맞추면서 효과적인 학습시간의 관리가 계획이나 목적설정과 같은 학습전략으로부터 나온다고 제안하였다. 즉 효과적 학습시간의 관리는 학습자들이 자신의 학습과 수행을 자기조절 한 결과라고 볼 수 있는 것이다. Paris, Lipson과 Wixson(1983)은 시간을 관리하는 능력을 학습전략이라고 하였다. 자기조절 된 학습자는 시간이 제한적이라는 것을 잘 인식하기 때문에 자신의 학업시간을 활용하기 위해 특정 전략을 사용한다는 것이다. 또한 시간관리는 지능보다 학업성취를 더 많이 예언하였으며, 자아효능감과도 밀접한 관련성을 지니는 것으로 나타났다.

도움구하기는 유익하고 효율적인 학습 수단으로서 바람직한 학습방법일 수 있다. 그러나 때로 교실상황의 학습자들에게는 도움을 구하는 행동이 능력부족을 드러내는 적합하지 못한 행동으로 인식되기도 한다(Graham & Baker, 1990). 자기조절 능력이 목적을 성취하기 위해 여러 전략을 자발적으로 사용하는 능력이라고 본다면, 자신의 힘으로 해결하기 어려운 과제에 부딪혔을 때 자신보다 더 알고 있다고 생각되는 사람들에게 도움을 요청하는 것은 자기조절 학습의 전략이라고 할 수 있다. 따라서 도움구하기를 타인에 의존하여 학습하려는 성향이 아닌 적극적인 학습행동의 표현 방법으로 인식할 필요가 있다.

자기조절 학습능력에 대한 연구를 살펴 본 결과 자기조절 학습능력이 여러 단계를 거치면서 복잡하게 진행되는 목적지향적인 활동능력임을 알 수 있다. 학습을 인지, 동기, 행동 중에서 어느 한 측면만을 바라보게 되면 학습의 전체적인 모습을 설명하기 어렵게된다. 본 연구에서는 이상의 연구 결과를 토대로 자기조절 학습능력을 인지전략 사용능력, 메타인지전략 사용능력을 포함하는 인지조절 능력, 숙달목적 지향성, 자아효능감, 성취가치감을 포함하는 동기조절 능력, 그리고 행동통제 능력, 도움구하기 행동, 학업시간관리 능력을 포함하는 행동조절 능력으로 보았다.

지금까지 살펴본 연구들에서 자기조절 학습능력의 구성요소와 자기조절 학습능력과 관련된 선행연구를 정리하면 표 9와 같다. 인지조절 요인이 자기조절 학습능력의 구성요소로서 가장 많이 선택되었음을 알 수 있다(박승호, 1995; 신민희, 1998; 양명희, 2000; Flavell, 1979; Corno, 1986; Ames & Archer, 1988; Zimmerman & Pons, 1988; Pintrich, 1989; Zimmerman, 1989; Sink, 1991). 그것은 인지전략과 메타인지 전략과 같은 학습전략 사용이 자기조절 학습능력의 중요한 부분이라는 연구자들의 생각을 잘 나타내 주었다. 그러나 이러한 학습전략의 사용이 동기적인 부분에서 영향을 받는다는 사실이 몇 몇 연구들에서 확인되면서 자기조절 학습에 관한 연구는 동기적인 측면(신민희, 1998; 양명희, 2000; Corno, 1986; Meece, 1988; Zimmerman & Pons, 1988; Pintrich, 1989; Zimmerman, 1989; Sink, 1991; Miller, 1993)뿐만 아니라 행동적인 면(박승호, 1995; 신민희, 1998; 양명희, 2000; Corno, 1986; Meece, 1988; Zimmerman & Pons, 1988; Pintrich, 1989; Zimmerman, 1989; Macan, 1990)까지 포함하였다.

표 9 자기조절 학습능력 구성요소에 관련된 선행연구

구성요소 연구자	인지조절	동기조절	행동조절
박승호(1995)	○		○
신민희(1998)	○	○	○
양명희(2000)	○	○	○
Flavell(1979)	○		
Corno(1986)	○	○	○
Ames와 Archer(1988)	○		
Meece(1988)		○	
Zimmerman과 Pons(1988)	○	○	○
Pintrich(1989)	○	○	○
Zimmerman(1989)	○	○	○
Macan(1990)			○
Sink(1991)	○	○	
Miller(1993)		○	

자기조절 학습능력과 정의적 특성

  정의적 특성의 개념은 감정이나 정서를 나타내는 인간의 속성으로 태도, 정서, 흥미, 의지, 가치관 및 인성성향을 포함하는 사회적 특성이다. 일반적으로 학생들이 학교를 통해서 형성하게 되는 정의적 특성으로 자아개념, 학교에 대한 태도, 만족도를 들 수 있다(송인섭, 1998).

  양명희(2000)의 자기조절 학습능력과 정의적 특성과의 관계에 대한 연구에서 자아개념, 학교에 대한 태도, 학교생활에 대한 만족도와 자기조절 학습능력과 밀접한 상관을 이루는 것이 확인되었다. 그는 학습자가 가지는 자아개념, 태도, 만족도가 자기조절 학습능력 구성요인에 의해 얼마나 예언되는지를 분석하였는데, 자아개념은 자기조절 학습능력의 구성변인으로 56.7%가 설명되며 그 중에서도 자아효능감, 숙달목적 지향성, 과제성취가치, 행동통제에 의한 기여도가 컸다. 요약해 보면 학습자들이 지니고 있는 정의적 특성은 자신의 학습을 조절하려는 노력 중에서 자신의 동기상태를 조절하고 통제하는 능력과 높은 상관이 있다. 특히 자아개념, 태도, 만족도는 성취가치감에 의해서 유의하게 예언되었다.

이상에서 살펴 본 바와 같이 자기조절 학습능력과 정의적 특성과는 매우 높은 상관을 보였다. 본 연구에서는 동기설계 수업모형이 자기조절 학습능력에 미치는 순수한 효과를 보고자 하였기 때문에, 자기조절 학습능력과 높은 상관을 보이는 정의적 특성이 미쳤을지도 모르는 영향을 배제시키기 위하여 정의적 특성 결과를 공변인으로 하였다.

자기조절 학습능력과 학업성취도

자기조절 학습능력이 학생들의 학업성취에 영향을 주는 효과에 관한 연구는 많지 않으나 인지, 동기, 그리고 자기조절 학습능력에 관련한 연구결과에서 자기조절 학습능력이 학습자의 학업성취에 중요한 예언자료임이 확인되었다(Pintrich & De Groot, 1990; Zimmerman, 1989; Zimmerman & Martinez-Pons, 1990).

자기조절 학습능력 중에서 자아효능감과 학업성취의 관계분석 연구들은 자아효능감과 관련된 최근 연구논문들의 종합적 분석, 자아효능감이 높은 학습자와 낮은 학습자의 차이, 자아효능감과 학업성취간의 상관관계 등을 연구함으로써 두 변인간의 관계를 규명하고 있다. 자아효능감과 학업성취의 관계 분석을 시도한 Schunk(1984)는 수업처치, 자아효능감, 인내력, 학업성취사이의 관계 규명을 위해 경로분석을 한 결과 자아효능감 변인이 학습자의 학업성취도에 영향을 미치는 것으로 밝혀냈다. 자아효능감과 관련된 39개의 연구들을 메타분석한 Multon, Brown과 Lent(1991)는 자아효능감이 특정한 학업적 수행에서의 성공 및 학업 지속성과 밀접하게 관련되어 있다는 점을 제안하였다. 그러나 Garcia와 Pintrich(1994)의 구조모형 분석에 의하면, 자아효능감은 학업성취를 직접 예언하는 것이 아니라 학습전략을 매개하여 학업성취에 영향을 미친다는 연구결과를 제시하고 있어서 선행연구들과 차이를 보이고 있다.

박승호(1995)는 학생들의 동기적 특성, 인지적 특성, 자기조절 학습특성 등을 포함한 회로분석을 실시한 결과 동기적 특성 중 자아효능감의 학업성취에 대한 주효과가 유의미하게 나타났음을 보고하였다. 김아영(1998)은 학업적 자아효능감과 학업성취와의 유의미한 상관이 있음을 보고하였으며, 송인섭(2000)은 자아효능감의 증가가 학업성취에 직접적 영향을 주는 것으로 보고하였다.

이상에서 살펴본 선행연구의 결과들을 통해서 자아효능감과 학업성취는 밀접한 상관을 가지며, 다른 동기변인들보다 학업성취에 대하여 가장 상관이 있을 것이라고 추론할 수 있다.

자기조절 학습능력 중에서 과제가치요인과 학습성취와의 관계를 살펴보면 다음과 같다. 가치요인은 과제의 중요성과 흥미에 관한 학생들의 목표와 믿음이다. 가치요인은 내재적 목표지향과 외재적 목표지향으로 구분하기도 하는데, 내재적 목표를 지향하는 학습자는 학습하는 것 자체를 즐겨 성적보다는 새로운 이해와 노력에 관심을 두고, 학습할 때 학습전략과 자기조절을 하여 보다 많은 인지적 활동과 효율적인 노력을 하였다(Ames & Archer, 1988: Pintrich & De Groot, 1990). 과학교과와 영어수업을 듣는 학생들을 대상으로 동기지향, 자기조절 학습, 학습의 학문적 수행간의 관계를 연구한 Pintrich와 De Groot(1990)는 내재적 가치는 수행에 직접적인 영향을 미치지는 못하지만, 이전의 성취수준에 관계없이 인지전략 사용의 중요한 예언자임을 보고하였다.

이상의 연구결과를 볼 때 수행과제의 가치요인이 전략사용과 학업성취에 정적으로 관련됨을 알 수 있다.

통제소재와 학업성취도와의 관계를 검증한 연구들이 그 동안 많이 이루어져 왔다. 이러한 연구들은 내적 통제자가 외적 통제자 보다 더 높은 학업성취를 보이는 것으로 대체로 일관되게 보고하고 있다. Uguroglu와 Walberg(1979)는 선행연구들을 종합한 결과 통제소재 신념과 학업성취와 정적인 상관관계가 있음을 보고하였다. Stipek와 Weisz(1981)도 35편의 논문을 정리한 결과 대부분의 논문이 통제소재 신념과 성취간에 유의한 관계를 밝히고 있음을 확인하였다.

국내의 연구결과들도 통제소재와 학업성취간에 대체로 정적 관계가 있음을 보고하고 있다. 남녀 중학생들을 대상으로 연구한 변혜종(1990)의 연구에서도 내적 통제자일수록 높은 학업성취를 보였다. 농촌초등학교 3~6학년 학생들을 대상으로 한 이병준(1992)의 연구에서도 내적 통제 학생일수록 학업성취도가 높았다.

Corno와 Mandinach(1983)는 시연, 정교화, 조직화와 같은 인지전략의 사용으로 학습재료를 기억, 조직, 변형하여 학습하려고 노력하는 학습자가 그렇지 않은 학습자 보다 높은 수준의 학업성취를 나타낸다고 보고하였다. 자기조절 학습능력 중에서 인지조절과 학업성취와 관계를 분석한 연구들에서는 메타인지와 같은 통제과정을 좀 더 적극적으로 사용하는 학습자가 그렇지 않은 학습자 보다 더 나은 학업수행을 보임이 확인되었다(Flavell, 1997; Paris, 1986; Pressley, 1989). 또한 학습자가 학습하는 동안 사용하는 학습전략은 부호화 과정에 영향을 미치고, 학습결과와 학업성취에 영향을 미쳤다(Weinstein, Mayer, 1986).

이상을 종합해 보면 자기조절 학습능력 중에 동기조절 능력에 해당하는 자아효능감이나 내적 가치 등과 학업성취간에 밀접한 관계가 있으며, 인지조절 능력의 메타인지전략 사용이나 인지전략 사용이 학업성취에 직접 영향을 미칠 뿐만 아니라 학업성취에 영향을 미치는 학습자들의 동기 변인들을 매개해 주는 역할을 하였다. 본 연구에서는 동기설계 수업모형이 자기조절 학습능력에 미치는 순수한 효과를 확인하고자 하였는데, 위에서 살펴 본 바와 같이 자기조절 학습능력과 학업성취도와 밀접한 관계가 있으므로 그와 같은 영향력을 배제하기 위해서 학업성취도 결과를 공변인으로 하였다.

3. 학습에서 동기와 자기조절과의 관계

Driscoll(2000)은 학습에서 동기와 자기조절과의 관계를 그림 1과 같이 나타내었다.

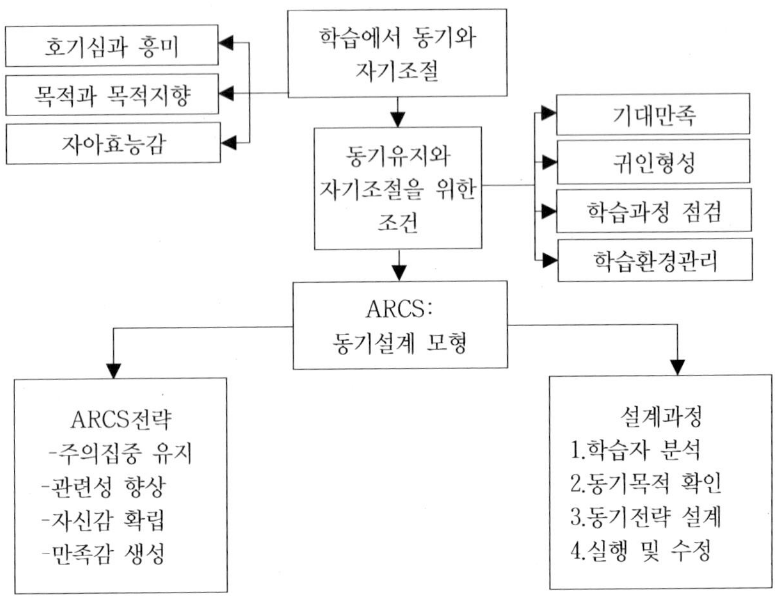

그림 1 학습에서 동기와 자기조절과의 관계

학습자가 새로운 학습에 흥미를 느낄 것인가에 대한 결정은 선행학습의 결과로부터 추측할 수 있다. 그리고 학습자의 학습에 대한 기대와 학습의 성공에 대한 귀인은 학습에 대한 동기유지를 이해하는 데 매우 중요하다. 이 두 요소는 자기조절 학습을 하기 위한 학생의 동기에 커다란 역할을 한다. 궁극적으로 자기조절은 학습자가 목적지향을 위한 진행과정을 점검하는 메타인지 능력을 획득하고, 학습하는 동안 학습자 자신의 동기를 유지할 때 가능하다. 학습동기 유지는 수업활동에 대한 기대만족을 통해서 촉진된다. 학습자가 수업목표 달성에 성공했을 때 그들의 자아효능감은 증가하고 계속적으로 학습에 성공하는 경험을 하게 한다(Driscoll, 2000).

학습자가 학습에서의 성공과 실패를 자신의 능력, 운, 타인과 같이 자신이 조절할 수 없는 힘에 귀인 시킬 때 보다 자신들의 노력, 또는 노력 부족에 귀인 시킬 때 학습하고자 하는 동기가 더욱 증진될 것이다. 그러므로 교사는 교수학습과정에서 인과적 귀인에 영향을 주는 변인을 확인하고, 그러한 변인과 관련하여 학습자에게 학습결과를 내적이고 자기조절 가능한 귀인 요인과 관련시켜 줌으로써 학습자의 교육경험을 증진시켜 주어야 한다. 또한 성취결과의 원인과 관련하여 보상과 격려를 해주어 학습자의 계속적인 과제수행과 학습향상을 위한 동기유발에 영향을 미칠 수 있다(Schunk, 1990).

학습자는 수행결과의 성공과 실패에 따라 동기화 될 수 있고, 목표도달을 위해서 노력하는 과정은 동기의 유지와 자기조절 능력을 필요로 한다. 목표달성을 위해서 학습과정을 점검해 봄으로써 학습자는 목표도달에 대한 자아효능감을 판단한다. Zimmerman(1994)은 자신의 수행을 관찰하고 수행기준에 비교해 보는 것과 같은 목표도달을 위한 학습진행과정의 점검을 자기조절의 중요한 요소라고 하였다. Bandura(1997)는 수행과정을 점검하는 것을 자기조절 체계의 한 부분이며 목표와 수행사이의 차이를 줄이는 것이라고 설명하였다. 즉 학습자는 그들의 수행과정을 관찰하여 목표와의 불일치를 줄이고자 동기화 되고 그에 따라 그들의 자기신념을 수정하고, 목표를 변경하거나 학습전략을 바꾼다는 것이다.

자기조절을 위한 명확한 조건은 학습자들의 선택과 통제 능력이다(Zimmerman, 1994). 이것은 자기조절의 커다란 부분중의 하나가 동기유지를 위한 학습방식을 결정하도록 학습환경을 관리하는 것을 말해 준다. 학습자들은 동기와 학습 환경을 통제하고 선택할 줄 알아야 한다.

학습에서의 동기와 자기조절과의 관계를 요약하여 보면, 동기는 학습자의 기대가 만족되고 그들 자신의 노력과 효과적인 학습전략에 성공의 귀인이 있을 때 더욱 더 향상된다. 그리고 학습자들은 그들의 수행과정을 점검하는 능력과 그들의 학습환경을 관리하는 능력을 획득했을 때 점차적으로 자기조절화 되고, 이러한 능력을 활용하기 위한 기회를 제공받는다. 이에 교사나 교수 설계자들은 모든 학습자들을 위해서 알맞은 동기조건을 교수활동과 통합하는 방법으로 동기설계 모형을 생각해 볼 필요가 있다.

Ⅲ. 연구방법

　이 장에서는 본 연구를 수행하기 위해서 선정한 연구의 대상, 실험설계, 실험처치 방법, 측정한 도구, 그리고 자료를 처리한 방법에 대해서 기술하였다.

1. 연구대상

　본 연구의 대상은 고양시에 위치한 G초등학교 6학년 80명이다. 본 연구의 실험처치를 위해 6학년 5개 학급 중 2개 학급을 선정하였다. 선정된 2개 학급은 실험집단과 통제집단에 배정하였다. 각 집단별 연구대상의 구성은 표 10과 같다.

표 10 집단별 연구대상 수

집　단 　　　　　　　　　　연구대상과 학년	6학년
동기설계 수업모형 적용집단 (실험집단)	40
전통적인 학습집단 (통제집단)	40

2. 실험설계

교수·학습과정에서 동기설계 수업모형의 적용 효과를 검증하기 위한
실험설계는 그림 2와 같이 사전-사후검사 이질 통제집단 설계이다.

O_1	X	O_3
O_2		O_4

O_1 , O_2 : 실험집단과 통제집단의 사전검사
O_3 , O_4 : 실험집단과 통제집단의 사후검사
  X : 실험처치(동기설계 수업모형 적용)

그림 2 실험설계

3. 실험처치

다음에서는 실험한 과정, 예비검사와 예비실험을 한 방법, 동기를 설계
하기 위한 교수전략을 구안한 과정, 본 연구에서 적용한 동기설계 수업모
형과 통제반의 전통적 수업방법을 비교하였고, 실험을 실시한 내용을 기술
하였다.

<u>실험과정</u>

본 실험은 6학년 1학기 사회교과 정규 수업과정에서 이루어지며 일주일
에 3차시씩 6주 동안 학습문제에 따라 40분, 80분 단위로 실시하였다. 동기
설계 수업모형을 적용하기 전 2일 동안 사전검사를 실시하였으며, 실험을
마친 2일 동안은 사후검사를 실시하였다.
실험과정을 구체적으로 제시하면 표 11과 같다.

표 11 실험과정

순 서	내 용	자 료	실시기간	피험자	검 사 자
예비 검사 및 예비 실험	자기조절 학습능력검사 정의적 특성검사 실험의 타당성 확보	측정도구	2002. 3.2-5.20.	본실험에 참가하지 않은 학생 323명	6학년 담임교사 8명 본연구자
사전 검사	실험집단과 통제집단의 진단검사	사 회 교 과 학 업 성취도검사, 자기조절 학습능력검사, 정의적 특성검사	2002. 6.7-6.8	통제반 40명 실험반 40명	통제반 담임교사 본연구자
실 험	실험집단에 실험처치 (동기설계 수업모형적용)	동기전략과 교수전략을 통합한 교수 학습과정안 (16차시분)	2 0 0 2 . 6.10-7.18	실험반 40명	본연구자
사후 검사	동기설계 수업모형 적용효과 분석	자기조절 학습능력검사 정의적 특성검사 사회교과학업 성취도검사	2002 7.19-7.20	통제반 40명 실험반 40명	통제반 담임교사 본연구자

예비검사 및 예비실험

본 검사를 실시하기 전에 검사도구에 대한 학생들의 이해력 검사에 소
요되는 시간 및 질문의 적절성과 신뢰도를 알아보기 위하여 피험자 대상에
포함되지 않은 고양시에 위치한 학교 2개 학급, 인천광역시에 위치한 학교
2개 학급, 서울 강남지역에 위치한 학교 2개 학급, 강북지역에 위치한 학교

2개 학급의 6학년 학생 323명을 표집하여 예비검사를 하고, 문항분석을 실시하였다.

자기조절 학습능력 측정문항의 전체 신뢰도는 .80으로서 비교적 높은 신뢰도를 나타내었다. 자기조절 학습능력 예비검사의 차원별 신뢰도를 살펴보면 인지조절은 .82, 동기조절은 .78, 행동조절은 .80이었다. 정의적 특성 측정문항의 전체 신뢰도는 .77을 나타내었다. 정의적 특성 예비검사의 차원별 신뢰도를 살펴보면 자아개념은 .78, 학교에 대한 태도는 .77이었다. 다음으로 요인분석을 실시하여 요인부하량이 낮은 문항과 같은 요인구조에 속하지 않은 문항들을 제거하였다. 질문지 한 장에 많은 문항이 들어가서 학생들이 반응하는 데 부담스럽지 않도록 하였으며 최종적으로 전문가의 검토와 확인이 있었다. 예비검사의 질문지의 크기, 글자체는 별 문제가 없었으므로 본 검사에서 그대로 사용하였고, 표지의 디자인을 초등학생에게 친밀감을 줄 수 있는 그림으로 바꾸었다.

사회교과 학업성취도 검사는 고양시에서 표집한 2개 학급 80명에게만 실시하였다. 각 소요된 시간은 자기조절 학습능력 검사가 40분, 정의적 특성검사가 20분, 사회교과 학업성취도 검사가 40분이 소요되었다.

본 연구대상이 아닌 초등학교 6학년 40명에게 2차시에 걸쳐 예비실험을 하였다. 교사의 주의집중 전략에 사용할 학습자료의 보다 철저하고 계획적인 준비가 필요하였고, 학생들의 학습을 위한 자료수집에 대한 주지가 안되어서 준비상태가 부족하였다. 이러한 문제점을 보완하기 위해 교사의 학습자료 준비시간을 많이 확보하였고, 학생들에게 주간학습 계획안을 통해 사전학습과제 제시로 다음차시 학습문제 해결에 필요한 자료를 미리 수집할 기회를 제공하였다. 또한 교수·학습과정에서 계획한 동기전략을 모두 투입하는 데 시간이 많이 부족하여서 주의집중, 관련성, 자신감, 만족감 각각의 동기전략들을 좀 더 구조화하여 통합시켜 투입하였다. 학습자의 동기분석 특징이 교사에게 기억되지 않아서 부록 5와 같이 각 차시별로 동기 분석한 자료를 작성하여 지도안과 함께 수업시간에 활용하였다.

동기자극 교수전략 설계과정

표 4의 ARCS모형의 10단계에 기초하여 본 연구에서 활용할 동기자극 교수전략을 그림 3과 같은 과정에 따라 설계하였다.

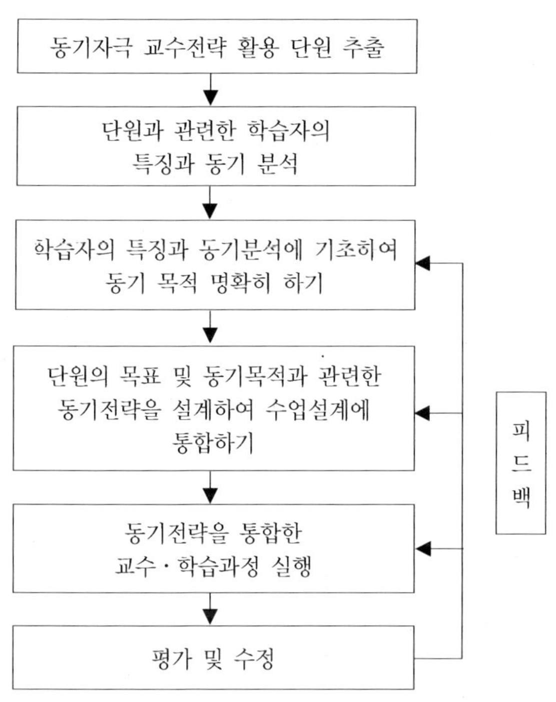

그림 3 동기자극 교수전략 설계과정

실험실시

동기설계 수업모형을 실험반의 정규 교수·학습과정에 적용하기 위하여 초등학교 6학년 1학기 사회교과 단원 2와 단원 3에 대한 실험반 학생들의 동기분석 자료를 기초로 한 동기설계 수업 지도안을 부록 4와 같이 16차시 작성하였다. 그리고 동기 교수설계 전문가인 교육 공학자에게 검토를 받았다. 표 12는 동기설계과정에 따라 설계한 동기전략을 교수전략에 통합한 예이다.

표 12 동기전략과 교수전략의 통합한 예

수업내용 개관	동기전략 개관	기타의견
1. 수업초기 · 흥선대원군이 생애와 개혁정책, 병인양요, 신미양요가 일어난 원인과 경과 조사, 척화비를 세운 까닭 알아보는 학습목표 제시하기 · 역사적 사건에 대한 이해와 활용의 좋은 점과 평가기준을 제시하기.	-전체적으로 교사는 다양한 방법으로 학습자들에게 수업내용을 제시하고, -학습자들에게 개별적인 언어를 사용한다. -여러 가지 비석그림 제시하기 -교사는 학습자들의 관련성을 높이기 위해 학습목표의 의미를 설명해 준다 -학습자들의 관련성, 자신감, 만족감을 높이기 위하여 이 수업이 끝난 후 그들이 무엇을 할 수 있는지에 대해 말해준다. -학습자들의 자신감과 만족감을 높이기 위하여 성공적인 학업성취도를 판단할 수 있는 객관적인 준거들을 알려준다.	-큰 글씨를 사용하고 핵심단어는 다른 색깔을 사용한다(파워포인트로 작성하여 제공한다).
· 흥선대원군이 생애와 개혁정책, 병인양요, 신미양요가 일어난 원인과 경과 조사, 척화비에 관한 지식을 간략하게 확인하기 · 실생활과 관련된 역사적 사건에 대한 이해 문제를 몇 가지 소개하기.	-선수학습의 관련성을 유발하기 위하여 ICT학습자료를 사용하여 흥선대원군이 생애와 개혁정책, 병인양요, 신미양요가 일어난 원인과 경과 조사, 척화비를 세운 까닭 에 관련된 학습문제 해결방법을 제시한다. -모둠활동을 통하여 학습자들의 선수지식을 점검해 보도록 한다. -흥선대원군의 생애와 개혁정책, 병인양요, 신미양요가 일어난 원인과 경과 조사, 척화비에 관련한 내용을 전혀 모르는 학습자들에게 자신감을 유발하기 위하여 개별적인 학습목표를 세우도록 한다. -학습자들의 주의집중을 유지하기 위해 실생활에서 역사적인 사건의 이해를 바탕으로 판단할 수 있는 몇 가지 문제를 제시한다. -주의집중을 보이지 않는 3명의 학습자들이 수업에 적극적으로 참여하지 않으면, 교사는 그들에게 친근한 목소리로 이름을 부르면서 수업에 집중하라고 얘기하고, 개인적인 관심을 갖고 있음을 나타낸다.	-모둠구성은 주의집중 수준이 낮은 학습자 3명을 골고루 분산하여 배치하고, 친근한 소재를 활용하여 그들의 주의집중과 관련성을 유발한다.

수업내용 개관	동기전략 개관	기타의견
· 흥선대원군이 생애와 개혁정책, 병인양요, 신미양요가 일어난 원인과 경과 조사, 척화비에 관한 학습자들의 이해 정도를 파악하고, 피드백을 제공하기	-학습자들의 자신감을 높이기 위하여 모둠을 구성하여 학습자들이 역사적 사건에 대하여 어느 정도 이해하고 있는지 서로 토론하도록 한다. -소집단을 둘러보면서 자신감과 만족감을 유발하기 위하여 학습자들 간에 서로 도움을 주도록 분위기를 형성한다. -토론결과 학습자들이 학습내용에 대해 잘못 이해하고 있다면, 교사는 즉각적으로 교정적 피드백을 제공한다.	-학습자들이 토론시간을 너무 길게 사용하지 않도록 한다. 토론이 활발하지 못한 경우에는 학습의욕이 떨어질 수 있다.
2. 수업중반 · 실생활과 관련된 개혁정책, 병인양요, 신미양요가 일어난 원인과 경과 조사, 척화비에 대한 조사내용과 이해한 내용을 구체적으로 제시하기.	-학습자들의 주의집중, 관련성, 자신감, 만족감을 유지하기 위하여 흥선대원군과 관련된 빙고게임을 한다. 학습자들이 돌아가면서 알맞은 낱말을 제시하고, 교사는 그에 따라 스티커 제공으로 만족감을 향상시킨다. -모둠활동을 통하여 브레인스토밍, 사전에 조사한 과제학습을 바탕으로 한 토의학습, 흥선대원군의 인물연표만들기, 흥선대원군의 개혁정책에 대한 역할극 활동을 통하여 문제를 해결한다. 교사는 문제를 해결한 학습자가 아직 해결하지 못한 학습자를 도울 수 있도록 하여 자신감과 만족감을 갖는 기회를 제공한다. -모둠활동이 진행되는 동안 교사는 교실을 궤간 순시하면서 학습자들의 의문사항에 적극적으로 질문할 수 있는 기회를 제공하여 주고 , 개별적인 언어를 사용하여 부드러운 목소리로 피드백을 제공한다. -문제를 해결하는 데 어려움을 겪는 학습자에게는 그들에게 적합한 학습문제를 선정하도록 하여 자신감을 향상시킨다. -모둠활동이 끝나면 교사는 모둠별로 조사하고 이해한 학습내용을 발표하도록 하고, 교사는 우수한 학습결과 발표한 모둠이나 학습자의 능력을 인정하고, 내재적인 자존심에 긍정적인 영향을 주는 칭찬을 제공하여 자신감과 만족감을 높인다.	-이때 교사는 밝고 생동감이 넘치는 목소리로 학습자들의 활동을 촉진시킨다. -교사는 자신감이 높거나 적절한 학생 28명의 학습자들이 적절한 자신감을 유지하고 있는지 에 대해 지속적인 관심을 갖고 지켜본다. -교사는 학습자의 자신감과 만족감을 높이기 위하여 일관성 있는 피드백을 제공한다. -교사는 모둠활동동안 주의집중유지, 자신감, 만족감향상 파악을 위해 학습자와의지속적인 시선교류와 얼굴표정관리를 한다.

수업내용 개관	동기전략 개관	기타의견
3. 수업마무리 ·홍선대원군의 생애와 개혁정책, 병인양요, 신미양요가 일어난 원인과 경과, 척화비를 세운 까닭에 대한 학습내용을 전체적으로 정리 및 요약하기. 차시예고하기	-학급구호와 약속을 외치면서 학습자들의 주의집중을 향상시킨다. -홍선대원군이 생애와 개혁정책, 병인양요, 신미양요가 일어난 원인과 경과, 척화비를 세운 까닭을 마인드 맵 활동을 통하여 성공적으로 해결함으로써 자신감과 만족감을 갖도록 한다. -학습자들이 미처 생각하지 못했던 실생활 속에서 역사적 사건의 이해와 관련된 다양한 예들을 제공하여 주의집중과 관련성을 유지·향상시킨다. -자신감과 만족감을 향상시키기 위해 학습자들에게 수업진행 중에 그들이 설정한 개인적인 학습목표에 대해 얼마나 많이 달성했는지를 스스로 점검해 보라고 한다. -수업중반에 학습문제 해결에 어려움을 느꼈던 학습자들에게 그 학습문제를 다시 한번 정리해 볼 수 있는 기회를 제공하여 자신감과 만족감을 높여준다. -학습자들이 그들의 성적에 대해 공정하게 평가되었다고 느끼도록 일관성 있게 평가하여 자신감과 만족감을 높여준다. -학습자들의 흥미를 유지하기 위하여 다음 차시 학습내용에 대해 간략하게 소개한다.	-교사는 홍선대원군의 생애와 개혁정책, 병인양요, 신미양요가 일어난 원인과 경과 척화비에 대한 이해와 실생활과의 관련성에 대해 학습자들이 잘 지각하고 있는지 알아보기 위해 진지한 목소리로 질문한다.

학생들에게는 주간학습 계획안에 제시된 사전학습과제 해결방법과 자료수집방법을 설명하였다. 모둠구성은 학습주제에 따라 주의집중 수준이 높고 낮은 학생들을 골고루 분산 배치하여 도움을 주고받을 수 있는 분위기를 조성하였다. 학습환경 구성은 학습자료 제시와 학습결과물을 표현하고 제시할 수 있는 프로젝션 TV, 컴퓨터, OHP, 실물화상기, 마이크 등을 교실에 구비하였고 TP용지, 유성펜, 지시봉 등은 자료상자에 준비하여 놓고 활용하였다.

수업이 시작되면 동기설계 수업안에 따라 본시학습의 목표를 제시하고 수업초기, 수업중기, 수업마무리별로 계획한 통합된 동기전략을 투입하였다. 전체 차시에 공통적으로 투입된 전략은 학생들의 주의집중을 유지하기 위해서 수업목표는 큰 글씨를 사용하고 핵심단어는 다른 색깔을 사용하였으며, 사회교과에 유용한 실생활과 관련된 역사적인 사건을 소개하였고, 교사의 목소리는 밝고 생동감이 넘치게 하였다. 그리고 자신감과 만족감의 향상을 파악하기 위해 끊임없이 학생들과 시선을 교류하고 얼굴표정을 관리하였다. 또한 학생들이 학습을 함으로써 자신의 실력이 향상되고 새로운 지식을 익히는 즐거움을 느낄 수 있으며, 열심히 노력하면 누구나 학습문제를 해결할 수 있다고 격려하는 일은 전체 학생들에게 매 차시마다 하였다.

자신이 정한 학습목표와 계획을 수행하는 데 필요한 정보를 학급에 비치한 자료를 이용하거나 사전 학습과제를 활용하여 찾도록 격려하였다. 학습에서 중요한 내용을 자기가 이해할 수 있는 말로 기록하도록 하고, 이해하기 어려운 것은 먼저 동료의 도움을 받도록 하였다. 또한 동료와 토의활동을 통하여 문제를 해결하도록 하고 그래도 해결하지 않을 때는 교사의 도움을 받도록 하였다. 학생 모두가 학습에서 소외되지 않고 참여하여, 학습결과물을 산출하고 다양한 방법으로 발표할 수 있는 기회를 제공함으로써 서로 학습활동에 대해서 점검하고 평가할 수 있는 기회를 주었다. 차시가 거듭되면서 쑥스러워하고 관망하던 학생들의 표정과 적극적인 참여자세에서 보다 자신감과 만족감을 읽을 수 있었다.

4. 측정도구

본 연구에서의 동기설계 수업모형 적용이 자기조절 학습능력, 정의적 특성, 학업성취에 미치는 효과를 측정하기 위하여 검사도구를 아래와 같이 개발하였다.

자기조절 학습능력 검사

자기조절 학습능력 검사는 양명희(2000)가 고등학생을 대상으로 개발한 자기조절 학습능력 측정도구를 초등학생에게 알맞은 문항으로 재구성하여 고양시에 위치한 학교 2개 학급, 인천광역시에 위치한 학교 2개 학급, 서울 강남지역에 위치한 학교 2개 학급, 강북지역에 위치한 학교 2개 학급의 6학년 학생 323명을 대상으로 예비검사를 한 후 요인분석 하여 사용하였다. 검사는 Likert 5점 척도로 구성되어 있으며, 채점방식은 '전혀 그렇지 않다'는 1점, '대체로 그렇지 않다'는 2점, '보통이다'는 3점, '대체로 그렇다'는 4점, '매우 그렇다'는 5점으로 채점하였다.

구체적인 측정문항은 표 13과 같다.

표 13 자기조절 학습 능력 측정도구의 하위척도별 문항번호와 신뢰도

자기조절 학습능력			문항번호	Cronbach' α
인지 조절	인지전략의 사용	시 연	6, 9	.61
		정교화	1, 4, 7, 11, 13, 17, 20	.84
		조직화	5, 12, 15, 21	.64
	메타인지 전략의 사용	계 획	2, 3, 8, 10, 14, 22	.68
		점 검	16, 18, 23, 25	.69
		조 절	19, 24	.65
인지조절 능력				.89
동기 조절	숙달목적지향성		26, 29, 32, 33, 37, 39, 41	.71
	자아효능감		27, 30, 35, 38, 40, 42, 44, 45, 46, 49, 51	.87
	성취가치		28, 31, 34, 36, 43, 47, 48, 50, 52	.86
동기조절 능력				.90
행동 조절	행동통제		74, 75, 76, 77, 78, 79, 80, 81	.86
	학업시간관리		53, 55, 56, 58, 59, 61, 67, 71, 73	.89
	도움구하기		54, 57, 60, 62, 63, 64, 65, 66, 68, 69, 70, 72, ,82	.83
행동조절 능력				.90

신뢰도 분석

자기조절 학습능력 측정도구의 각 하위척도별 신뢰도는 표 13에서 보는 바와 같다. 전체 검사의 내적 일관성 신뢰도는 .90으로서 높게 나타났다. 차원별로 살펴보면 인지조절능력의 신뢰도 계수는 .89, 동기조절 능력의 신뢰도 계수는 .90, 행동조절 능력의 신뢰도 계수는 .90으로 동기조절과 행동조절이 인지조절에 비해 약간 높다. 구성변인별로는 메타인지전략이 가장 낮고, 학업시간관리와 자아효능감이 높다.

또한 인지전략과 메타인지전략을 보다 세분화한 요인들의 신뢰도를 살펴보면, 인지전략의 하위영역의 경우 시연의 신뢰도 계수는 .61, 정교화의 신뢰도 계수는 .84, 조직화의 신뢰도 계수는 .64로 나타났으며, 메타인지전

략의 하위영역의 경우 계획의 신뢰도 계수는 .68, 점검의 신뢰도 계수는 .69, 조절의 신뢰도 계수는 .65로 나타나 전반적으로 신뢰도 계수가 .60을 넘는 것으로 나타나 측정도구의 신뢰성이 있는 것으로 분석되었다.

동기조절능력의 신뢰도 계수는 .90으로 높게 나타났고 각 하위 영역별로 살펴보면 숙달목적지향성의 신뢰도 계수는 .71, 자아효능감의 신뢰도 계수는 .87, 성취가치의 신뢰도 계수는 .86으로 높게 나타나 측정도구의 신뢰성이 있는 것으로 분석되었다.

행동조절능력의 신뢰도 계수는 .90으로 높게 나타났고 각 하위 영역별로 살펴보면 행동통제의 신뢰도 계수는 .86, 학업시간의 관리의 신뢰도 계수는 .89, 도움구하기의 신뢰도 계수는 .83으로 높게 나타나 측정도구의 신뢰성이 있는 것으로 분석되었다.

타당도 분석

본 연구는 고등학생을 대상으로 하여 자기조절 학습능력을 세 차원과 하위 8개 변인으로 가정한 양명희(2000)의 개념화가 초등학생에게 알맞게 재구성하여 적용하였을 때 타당한지를 확인하고자 요인분석을 실시하였다. 공동분산치를 구하여 모든 요인들에 의해 설명되어질 수 있는 한 변수의 분산의 양을 백분율로 나타냈으며, 요인부하량을 구하여 변수와 요인간의 단순상관계수로서 어떤 요인들이 어떤 변수와 밀접한 개념군끼리 뚜렷하게 분류함과 동시에 변수의 수를 줄이기 위하여 요인분석기법중 요인간 상호 독립성을 강조하는 요인회전방법으로 직각회전에서 Varimax 방법을 사용하였다. 요인추출시 준거기준은 고유값이 1.0이상인 요인에 한하며 부하량이 0.4이하인 항목들은 의미가 없으므로 제거하였다. 표 14는 인지조절 능력에 대한 요인분석 결과이다.

표 14 인지조절 능력에 대한 요인분석

	요인1	요인2	요인3	요인4	요인5	요인6
b6	.806	.105	.153	.055	.079	.004
b5	.710	.045	.049	.329	-.049	.066
b1	.689	.152	.144	.281	.005	.040
b3	.652	.094	-.034	-.037	.167	.366
b2	.635	.262	.217	.225	.169	-.015
b4	.625	.255	.126	.248	-.106	-.002
b7	.575	.323	.283	.060	.119	-.163
d3	.290	.736	-.040	.078	-.052	.051
d4	.285	.699	.243	.036	.137	-.013
d2	.201	.677	.146	.018	.120	.170
d1	-.166	.518	.413	.209	.029	.228
d6	.041	.512	-.011	.418	.382	-.138
c2	.187	.042	.780	.044	.061	.054
c1	.105	.174	.741	.192	.006	-.056
c4	.411	.050	.500	-.006	.206	.185
c3	.154	.331	.468	.095	.080	.194
e1	.218	.152	.076	.753	.102	.137
e4	.200	.187	.101	.685	.041	-.068
e2	.308	-.164	.183	.513	-.004	.346
e3	.420	-.024	.315	.429	.225	.110
a1	.007	.034	.111	-.002	.784	.056
a2	.026	.201	-.019	.129	.691	.028
f1	-.016	.220	.068	.122	-.007	.737
f4	.235	-.052	.131	-.046	.422	.444
아이겐값	4.104	2.625	2.392	2.232	1.865	1.253
분 산 율	16.415	10.499	9.569	8.927	7.461	5.011
누적분산율	16.415	26.914	36.482	45.409	52.871	57.882

　　표 14에서 보는 바와 같이 인지조절능력에 대한 측정항목은 크게 6개의 요인으로 구분되었고 요인의 분산율은 57.88%를 설명하고 있으며 고유치

의 경우도 1.0 이상으로 나타났다. 구분된 항목의 특성에 따라 요인1과 관련된 문항들은 '정교화', 요인2와 관련된 문항들은 '계획', 요인3과

관련된 문항들은 '조직화', 요인4와 관련된 문항들은 '점검', 요인5와 관련된 문항들은 '시연', 요인6과 관련된 문항들은 '조절'이라고 명명하였다. 요인1과 요인3, 요인5를 크게 '인지전략의 사용', 요인2와 요인4, 요인6을 '메타인지전략의 사용'이라고 명명하였다.

표 15는 동기조절 능력에 대한 요인분석 결과이다.

표 15에서 보는 바와 같이 동기조절능력에 대한 측정항목은 크게 3개의 요인으로 구분되었고 요인의 분산율은 50.15%를 설명하고 있으며 고유치의 경우도 1.0 이상으로 나타났다. 구분된 항목의 특성에 따라 요인1과 관련된 문항들은 '자아효능감', 요인2와 관련된 문항들은 '성취가치감', 요인3과 관련된 문항들은 '숙달목적지향'이라고 명명하였다.

표 15 동기조절 능력에 대한 요인분석

	요인1	요인2	요인3
h1	.797	.095	.116
h7	.745	.200	.066
h3	.721	.149	.106
h9	.690	.095	.303
h4	.686	.055	.372
h5	.683	.144	.191
h6	.660	.180	.045
h8	.517	.252	.458
h11	.466	.297	.180
h10	.432	-.116	.054
i6	.049	.824	.010
i7	.114	.764	.016
i9	.212	.725	.023
i8	.018	.678	-.127
i1	-.103	.644	.419
i3	.155	.622	.390
i4	.260	.618	.079
i2	.028	.537	.375
i5	.077	.412	.328
g7	.332	-.001	.572
g3	.117	.174	.562
g6	.328	-.074	.518
g4	.260	.298	.511
g5	.098	.454	.486
g1	.267	.321	.481
g2	.023	-.015	.444
아이겐값	4.986	4.778	3.776
분 산 율	18.467	17.696	13.985
누적분산율	18.467	36.163	50.148

표 16에서는 행동조절 능력에 대한 요인분석 결과를 제시하였다.

표 16 행동조절 능력에 대한 요인분석

	요인1	요인2	요인3
k3	.750	.035	.167
k8	.742	.164	.195
k2	.716	.093	.217
k7	.715	.294	.126
k6	.711	.185	.182
k1	.682	.144	.064
k4	.637	.090	.038
k9	.635	.211	.243
k5	.561	.241	.190
j3	.140	.773	.042
j2	.195	.772	.099
j4	.039	.724	-.013
j5	.303	.713	-.021
j8	.283	.668	.104
j7	.078	.668	-.066
j1	.179	.573	-.094
j6	.134	.460	.242
l10	.204	-.268	.703
l7	.136	-.055	.689
l11	.172	.323	.683
l8	-.067	.094	.662
l9	.204	-.054	.654
l13	.152	.316	.641
l2	.284	-.225	.606
l1	.323	.221	.542
l12	.284	.333	.474
l6	.406	.377	.415
아이겐값	5.487	4.941	4.742
분 산 율	18.288	16.468	15.805
누적분산율	18.288	34.756	50.561

표 16에서 보는 바와 같이 행동조절능력에 대한 측정항목은 크게 3개의 요인으로 구분되었고 요인의 분산율은 50.56%를 설명하고 있으며 고유치의 경우도 1.0 이상으로 나타났다. 구분된 항목의 특성에 따라 요인1과 관련된 문항들은 '학업시간의 관리', 요인2와 관련된 문항들은 '행동통제', 요인3과 관련된 문항들은 '도움구하기'라고 명명하였다.

정의적 특성 검사

김호권(1979)의 자아개념검사와 송인섭(1990)의 자아개념검사를 토대로 양명희(2000)가 고등학생을 대상으로 제작한 총 18개 문항으로 되어 있는 자아개념 검사지와 학교에 대한 태도를 측정하기 위해 개발한 11개 문항으로 되어 있는 학교에 대한 태도 검사지를 초등학생에게 알맞은 문항으로 재구성하여 고양시에 위치한 학교 2개 학급, 인천광역시에 위치한 학교 2개 학급, 서울 강남지역에 위치한 학교 2개 학급, 강북지역에 위치한 학교 2개 학급의 6학년 학생 323명을 대상으로 예비검사를 한 후 요인분석 하여 사용하였다. 자아개념 검사는 Likert 5점 척도로 구성되어 있으며, 채점방식은 '전혀 그렇지 않다'는 1점, '대체로 그렇지 않다'는 2점, '보통이다'는 3점, '대체로 그렇다'는 4점, '매우 그렇다'는 5점으로 채점한다. 학교에 대한 태도 검사는 각 문항의 반대의 뜻을 지니는 형용사로 짝 지워서 이들을 양극으로 하여 1단계에서 5단계 중 하나에 반응하도록 하였다.

신뢰도 분석

정의적 특성 측정도구의 전체 검사의 내적 일관성 신뢰도는 .93으로서 비교적 높게 나타났다. 차원별로 살펴보면 표 17과 같다.

표 17 정의적 특성 신뢰도 검증

	문항수	Cronbach' α
자 아 개 념	18	.89
학 교 태 도	11	.91
정의적 특성	29	.93

표 17에서 보는 바와 같이 정의적 특성에 대한 신뢰도 계수는 .93으로 높게 나타났고 각 하위 영역에 대하여 살펴보면 자아개념의 신뢰도 계수는 .89, 학교태도의 신뢰도 계수는 .91로 높게 나타나 측정도구의 신뢰성이 있는 것으로 분석되었다.

타당도 분석

본 연구의 자아개념 측정도구는 일반적 자아개념을 측정하고자 하였다. Varimax방법을 이용한 요인분석을 실시한 결과 표 18과 같이 3개 요인이 산출되었다.

표 18에서 보는 바와 같이 자기 자신에 대한 평가에 대한 측정항목은 크게 3개의 요인으로 구분되었고 요인의 분산율은 54.17%를 설명하고 있으며 고유치의 경우도 1.0 이상으로 나타났다. 구분된 항목의 특성에 따라 요인1과 관련된 문항들은 학문적 자아개념, 요인2와 관련된 문항들은 자아에 대한 존중감, 요인3과 관련된 문항들은 정서적 자아개념이라고 명명하였다.

표 18 자아개념에 대한 요인분석

	자 아 개 념		
	학문적 자아개념	자아에 대한 존중감	정서적 자아개념
m16	.827	.075	.167
m12	.813	.068	.161
m1	.757	.292	.186
m13	.741	.289	-.146
m11	.737	.345	-.011
m10	.548	.493	.133
m15	.535	.248	.087
m5	.246	.734	.129
m8	.241	.672	.229
m18	.257	.606	-.117
m4	.473	.599	.192
m9	-.003	.588	-.016
m3	.444	.505	.374
m2	.227	.492	.217
m17	.420	.445	.280
m7	-.084	-.092	.820
m6	.273	.451	.506
m14	.159	.202	.488
아 이 겐 값	4.538	3.612	1.600
분 산 율	25.213	20.064	8.888
누적 분산율	25.213	45.277	54.165

학업성취도 검사

학업성취도 사전검사는 6학년 담임교사 4명에게 6학년 1학기 사회교과
의 동기설계 수업모형을 적용하기 전 단원인 1단원의 학습내용에 대하여

20문항씩 출제를 의뢰, 그 중에서 20문항을 출제자와 협의하여 만들어 사용하였고, 학업성취도 사후검사는 6학년 1학기 사회 교과에서 추출된 동기설계 수업모형 적용 단원의 학습내용에 대하여 6학년 담임교사 4명에게 20문항씩 출제를 의뢰, 그 중에서 20문항을 출제자와 협의하여 만들어 사용하였다.

5. 자료처리

본 연구를 수행하는 데 있어서 자료의 처리는 다음과 같은 과정을 거쳤다. 회수된 자료 중 무성의한 반응을 보인 응답자는 통계처리에서 제외시켰다. 유의수준 $p < .05$에서 검증하였으며 통계처리는 SPSSWIN9.0 프로그램에 의하여 전산처리를 하였으며, 다음과 같은 절차에 따라 분석하였다.

첫째, 인지조절 능력, 동기조절 능력, 행동조절 능력의 사전·사후검사의 평균과 표준편차를 산출하였다.

둘째, 인지조절 능력, 동기조절 능력, 행동조절 능력의 집단간의 차이를 알아보기 위하여 정의적 특성 검사 결과를 공변인으로 하는 공변량분석을 실시하였다.

셋째, 인지조절 능력, 동기조절 능력, 행동조절 능력의 집단간의 차이를 알아보기 위하여 학업성취도 결과를 공변인으로 하는 공변량분석을 실시하였다.

IV. 결과 및 해석

본 연구는 동기설계 수업모형이 자기조절 학습능력의 구성요소인 인지조절 능력, 동기조절 능력, 행동조절 능력에 어떠한 영향을 미치는지를 검증하기 위해서 수행되었다. 먼저 인지조절 능력, 동기조절 능력, 행동조절 능력의 사전, 사후검사의 평균과 표준편차를 구하였고, 집단간의 차이를 알아보기 위하여 학업성취도 검사 결과와 정의적 특성 검사 결과를 공변인으로 하는 공변량분석을 실시하였다.

1. 동기설계 수업모형 적용이 인지조절 능력에 미친 효과

가설 1. 교수·학습과정에서 동기설계 수업모형의 적용이 학습자의 인지조절 능력에 영향을 미칠 것이다.

이론적 배경에서 살펴본 바와 같이 자기조절 학습능력은 정의적 특성과 밀접한 관계가 있을 뿐만 아니라, 학업성취도와도 관련이 있었다. 본 연구에서는 동기설계 수업모형이 자기조절 학습능력에 순수하게 미치는 영향을 알고 싶었기 때문에, 자기조절 학습능력과 관계가 있는 정의적 특성을 공변인으로 하는 공변량분석 결과를 먼저 해석하였고, 이어서 학업성취도를 공변인으로 하는 공변량분석 결과를 해석하였다.

정의적 특성검사를 공변인으로 한 인지조절 능력의 평균과 표준편차는 표 19와 같다.

표 19 정의적 특성검사를 공변인으로 한 인지조절 능력의 평균과 표준편
차

( )안은 표준편차

인지조절 능력		사전검사	사후검사	보정된 사후검사
인지전략	실험집단	3.04(.47)	3.49(.38)	3.47(.29)
	통제집단	3.01(.70)	3.08(.68)	3.11(.34)
메타인지전략	실험집단	3.32(.46)	3.63(.33)	3.61(.28)
	통제집단	3.14(.69)	3.19(.58)	3.21(.41)
전 체	실험집단	3.18(.42)	3.56(.33)	3.54(.13)
	통제집단	3.07(.67)	3.13(.60)	3.16(.12)

표 19에서 보는 바와 같이, 실험 후 공변인에 의해 수정된 실험집단의
인지조절 능력의 평균(3.54, SD＝.13)이 통제집단의 수정된 인지조절 능력
의 평균(3.16, SD＝.12) 보다 높게 나타났다.

인지조절 능력의 하위변인인 인지전략의 사용과 메타인지전략 사용에
대하여 살펴보면, 실험 후 공변인에 의해 수정된 실험집단의 인지전략 사
용의 평균(3.47, SD＝.29)은 통제집단의 수정된 인지전략 사용의 평균(3.11,
SD＝.28)보다 높게 나타났다. 그리고 실험 후 공변인에 의해 수정된 실험
집단의 메타인지전략 사용의 평균(3.61, SD＝.28)도 통제집단의 수정된 메
타인지전략 사용의 평균(3.21, SD＝.41)보다 높은 것으로 나타났다.

정의적 특성검사를 공변인으로 한 인지조절 능력에 대한 공변량분석결
과는 표 20에 제시하였다.

표 20 정의적 특성검사를 공변인으로 하는 인지조절 능력
　　　공변량분석

인지조절 능력		SS	df	MS	F	p
인지전략	공변량	1.514	1	1.514	5.065*	.027
	주효과	2.381	1	2.381	7.965**	.006
	오 차	23.014	77	.299		
메타인지전략	공변량	1.506	1	1.506	6.816*	.011
	주효과	2.934	1	2.934	13.279***	.000
	오 차	17.015	77	.221		
전　체	공변량	1.510	1	1.510	6.619*	.012
	주효과	2.639	1	2.639	11.567**	.001
	오 차	17.569	77	.228		

*p<.05, **p<.01, ***p<.001

　　정의적 특성검사를 공변인으로 하고 종속변수를 인지조절 능력으로 지정하여 공변량분석을 실시하였다. 표 20에서 보는 바와 같이, 인지조절 능력 대한 실험집단과 통제집단 사이의 주효과는 통계적으로 유의미한 차이를 보였다($F_{(1,\ 77)}=11.567$, P=.001). 이 결과는 동기설계 수업모형을 교수·학습과정에서 적용하면 학습자의 인지조절 능력에 영향을 미칠 수 있다는 가설을 지지해 준다.

　　인지조절 능력의 하위변인인 인지전략 사용의 경우, 실험집단과 통제집단 사이의 주효과는 통계적으로 유의미한 차이를 보였다($F_{(1,\ 77)}=7.965$, P=.006). 이로 미루어 볼 때, 본 연구에서 적용했던 동기설계 수업모형이 인지전략 사용에 영향을 미치는 것으로 해석할 수 있다.

　　메타인지전략의 사용에 대하여 살펴보면, 메타인지전략 사용에 대한 실험집단과 통제집단 사이의 주효과는 통계적으로 유의미한 차이를 보였다($F_{(1,\ 77)}=13.279$, P=.000). 따라서 학습자의 메타인지전략 사용도 동기설계 수업모형을 적용함으로써 긍정적인 영향을 미쳤다고 할 수 있다.

학업성취도를 공변인으로 한 인지조절 능력의 평균과 표준편차는 표 21
과 같다.

표 21 학업성취도를 공변인으로 한 인지조절 능력의 평균과 표준편차

( )안은 표준편차

인지조절 능력		사전검사	사후검사	보정된 사후검사
인지전략	실험집단	3.04(.47)	3.49(.38)	3.45(.28)
	통제집단	3.01(.70)	3.08(.68)	3.12(.21)
메타인지 전략	실험집단	3.32(.46)	3.63(.33)	3.60(.19)
	통제집단	3.14(.69)	3.19(.58)	3.22(.17)
전 체	실험집단	3.18(.42)	3.56(.33)	3.52(.18)
	통제집단	3.07(.67)	3.13(.60)	3.17(.25)

표 21에서 보는 바와 같이, 실험 후 공변인에 의해 수정된 실험집단의
인지조절 능력 평균(3.52, SD=.18)은 통제집단의 수정된 인지조절 능력 평
균(3.17, SD=.25)보다 높게 나타났다.

인지조절 능력의 하위변인인 인지전략의 사용에 대하여 살펴보면, 실험
후 공변인에 의해 수정된 실험집단의 인지전략 사용 평균(3.45, SD=.28)이
통제집단의 수정된 인지전략 사용 평균(3.12, SD=.21)보다 높게 나타났다.
또한 메타인지전략의 사용에 대하여 살펴보면, 실험 후 공변인에 의해 수
정된 실험집단의 메타인지전략의 사용 평균(3.60, SD=.19)이 통제집단의
수정된 메타인지전략의 사용 평균(3.22, SD=.17)보다 높게 나타났다.

학업성취도를 공변인으로 한 인지조절 능력에 대한 공변량분석은 표 22
에 제시하였다.

표 22 학업성취도를 공변인으로 하는 인지조절 능력 공변량분석

인지조절 능력		SS	df	MS	F	p
인지전략	공변량	3.167	1	3.167	11.230**	.001
	주효과	2.025	1	2.025	7.182**	.009
	오 차	21.716	77	.282		
메타인지 전략	공변량	2.878	1	2.878	13.870***	.000
	주효과	2.601	1	2.601	12.537**	.001
	오 차	15.976	77	.207		
전 체	공변량	3.027	1	3.027	14.211***	.000
	주효과	2.293	1	2.293	10.766**	.002
	오 차	16.399	77	.213		

**p<.01, ***p<.001

이번에는 학업성취검사를 공변인으로 하고 종속변수로 인지조절 능력을 지정하여 공변량분석을 실시하였다. 표 22에서 보는 바와 같이, 인지조절 능력에 대한 실험집단과 통제집단 사이의 주효과는 통계적으로 유의미한 차이를 보여주고 있다($F_{(1, 77)} = 10.766$, $P = .002$). 이러한 결과는 본 연구에서 적용하였던 동기설계 수업모형이 학습자의 인지조절 능력에 영향을 미칠 것이라는 가설을 지지해 준다.

인지조절 능력의 하위변인인 인지전략의 사용에 대하여 살펴보면, 인지전략 사용에 대하여 실험집단과 통제집단 사이의 주효과는 통계적으로 유의미한 차이를 보였다($F_{(1, 77)} = 7.182$, $P = .009$). 이로 미루어 볼 때, 동기설계 수업모형의 적용이 인지전략 사용에 긍정적인 영향을 미치는 것으로 해석할 수 있다.

메타인지전략의 사용에 대하여 살펴보면, 메타인지전략 사용에 내한 실험집단과 통제집단 사이의 주효과는 통계적으로 유의미한 차이를 보였다($F_{(1, 77)} = 12.537$, $P = .001$). 이로써 동기설계 수업모형의 적용이 메타인지전략 사용에 긍정적인 영향을 미쳤다는 것을 알 수 있다.

이상 살펴본 바와 같이 정의적 특성검사 결과와 학업성취도를 공변인으로 하여 각각 공변량분석을 하여 본 결과 두 가지 경우 모두 인지조절 능력에 대한 실험집단과 통제집단 사이의 주효과는 통계적으로 유의미한 차이를 보였다. 따라서 교수·학습과정에서 동기설계 수업모형을 적용하면 학습자의 인지조절 능력에 영향을 미칠 것이라는 가설은 긍정되었다.

2. 동기설계 수업모형 적용이 동기조절 능력에 미친 효과

가설 2. 교수·학습과정에서 동기설계 수업모형의 적용이 학습자의 동기 조절 능력에 영향을 미칠 것이다.

정의적 특성검사를 공변인으로 한 동기조절 능력의 평균과 표준편차는 표 23에 제시하였다.

표 23에서 보는 바와 같이, 실험 후 공변인에 의해 수정된 실험집단의 동기조절 능력의 평균(3.68, SD=.22)이 통제집단의 수정된 동기조절 능력의 평균(3.21, SD=.24)보다 높게 나타났다.

동기조절 능력의 하위변인인 숙달목적지향성의 경우, 실험 후 숙달목적지향성에 대하여 공변인에 의해 수정된 실험집단의 숙달목적지향성의 평균(3.95, SD=.23)이 통제집단의 수정된 숙달목적지향성의 평균(3.38, SD=.28)보다 높게 나타났다. 자아효능감의 경우, 실험 후 공변인에 의해 수정된 실험집단의 자아효능감 평균(3.42, SD=.27)이 통제집단의 수정된 자아효능감 평균(3.01, SD=.29)보다 더 높게 나타났다. 성취가치감의 경우, 실험 후 공변인에 의해 수정된 실험집단의 성취가치감 평균(3.77, SD=.21)이 통제집단의 수정된 성취가치감 평균(3.32, SD=.26)보다 높게 나타났다.

표 23 정의적 특성검사를 공변인으로 한 동기조절 능력의 평균과 표준
편차

( )안은 표준편차

동기조절 능력		사전검사	사후검사	보정된 사후검사
숙달목적	실험집단	3.79(.50)	3.93(.56)	3.95(.23)
지향성	통제집단	3.58(.72)	3.40(.61)	3.38(.28)
자아효능감	실험집단	3.26(.63)	3.41(.40)	3.42(.27)
	통제집단	3.03(.70)	3.02(.63)	3.01(.29)
성취가치감	실험집단	3.42(.69)	3.73(.65)	3.77(.21)
	통제집단	3.73(.71)	3.36(.69)	3.32(.26)
전 체	실험집단	3.49(.51)	3.65(.44)	3.68(.22)
	통제집단	3.40(.58)	3.23(.49)	3.21(.24)

정의적 특성검사를 공변인으로 하고 동기조절 능력을 종속변수로 지정
하여 공변량분석을 실시하였는데 공변량분석 결과는 표 24에 제시하였다.

표 24에서 보는 바와 같이, 동기조절 능력에 대한 실험집단과 통제집단 사
이의 주효과는 통계적으로 유의미한 차이를 보였다($F_{(1, 77)} = 19.129$, $P = .000$).
따라서 동기설계 수업모형을 교수·학습과정에서 적용하면 학습자의 동기
조절 능력에 영향을 미칠 수 있다는 가설이 긍정되었다.

동기조절 능력의 하위변인인 숙달목적지향성의 경우, 실험집단과 통제집단
사이의 주효과는 통계적으로 유의미한 차이를 보였다($F_{(1, 77)} = 18.060$,
$P = .000$). 이로써 동기설계 수업모형의 적용이 숙달목적지향성에 긍정적인 영
향을 미친다는 것을 알 수 있다.

자아효능감의 경우, 실험집단과 통제집단 사이의 수효과는 봉계석으로
유의미한 차이를 보였다($F_{(1, 77)} = 10.950$, $P = .001$). 따라서 동기설계 수업모
형이 자아효능감에 긍정적인 영향을 미치는 것으로 해석할 수 있다.

성취가치감의 경우, 실험집단과 통제집단 사이의 주효과는 통계적으로
유의미한 차이를 보였다($F_{(1, 77)} = 8.460$, $P = .005$). 이러한 결과로 미루어 볼

때, 동기설계 수업모형의 적용은 학습자의 성취가치감에 긍정적인 영향을
미쳤다고 볼 수 있다.

표 24 정의적 특성검사를 공변인으로 하는 동기조절 능력
　　　공변량분석

동기조절 능력		SS	df	MS	F	p
숙달목적 지향성	공변량	.012	1	.012	.037	.849
	주효과	6.093	1	6.093	18.060***	.000
	오 차	25.980	77	.337		
자아효능감	공변량	.051	1	.051	.179	.674
	주효과	3.127	1	3.127	10.950**	.001
	오 차	21.988	77	.286		
성취가치감	공변량	.444	1	.444	1.013	.317
	주효과	3.708	1	3.708	8.460**	.005
	오 차	33.753	77	.438		
전 체	공변량	.025	1	.025	.121	.729
	주효과	4.009	1	4.009	19.129***	.000
	오 차	16.138	77	.210		

**p<.01, ***p<.001

　학업성취도를 공변인으로 한 동기조절 능력의 평균과 표준편차는 표 25
에 제시하였다.

표 25 학업성취도를 공변인으로 한 동기조절 능력의 평균과
　　　표준편차

(　)안은 표준편차

동기조절 능력		사전검사	사후검사	보정된 사후검사
숙달목적	실험집단	3.79(.50)	3.93(.56)	3.84(.18)
지향성	통제집단	3.58(.72)	3.40(.61)	3.49(.13)
자아효능감	실험집단	3.26(.63)	3.41(.40)	3.34(.12)
	통제집단	3.04(.70)	3.02(.63)	3.10(.19)
성취가치	실험집단	3.42(.69)	3.73(.65)	3.63(.18)
	통제집단	3.73(.71)	3.36(.69)	3.46(.23)
전　체	실험집단	3.45(.51)	3.65(.44)	3.56(.12)
	통제집단	3.40(.58)	3.23(.49)	3.32(.14)

　　표 25에서 보는 바와 같이, 실험 후 공변인에 의해 수정된 실험집단의 동기조절 능력 평균(3.56, SD＝.12)은 통제집단의 수정된 동기조절 능력 평균(3.32, SD＝.14)보다 높게 나타났다.

　　동기조절 능력의 하위변인인 숙달목적지향성에 대하여 살펴보면, 실험 후 숙달목적지향성에 대하여 공변인에 의해 수정된 실험집단의 숙달목적지향성 평균(3.84, SD＝.18)이 통제집단의 수정된 숙달목적지향성 평균(3.49, SD＝.13)보다 높게 나타났다. 자아효능감에 대하여 살펴보면, 실험 후 공변인에 의해 수정된 실험집단의 자아효능감 평균(3.34, SD＝.12)이 통제집단의 수정된 자아효능감 평균(3.10, SD＝.19)보다 높게 나타났다. 성취가치감에 대하여 살펴보면, 실험 후 공변인에 의해 수정된 실험집단의 성취가치감 평균(3.63, SD＝.18)이 통제집단의 수정된 성취가치감 평균(3.46, SD＝.23)보다 높게 나타났다.

　　학업성취도를 공변인으로 한 동기조절 능력에 대한 공변량분석 결과는 표 26에 제시하였다.

104

표 26 학업성취도를 공변인으로 하는 동기조절 능력 공변량분석

동기조절 능력		SS	df	MS	F	p
숙달목적 지향성	공변량	11.220	1	1.220	46.589***	.000
	주효과	2.323	1	2.323	9.646**	.003
	오 차	18.543	77	.241		
자아효능감	공변량	8.836	1	8.836	44.565***	.000
	주효과	1.062	1	1.062	5.359*	.023
	오 차	15.267	77	.198		
성취가치	공변량	13.893	1	13.893	45.533***	.000
	주효과	.519	1	.519	1.702	.196
	오 차	23.494	77	.305		
전 체	공변량	11.035	1	11.035	105.892***	.000
	주효과	1.114	1	1.114	10.687**	.002
	오 차	8.024	77	.104		

*p<.05, **p<.01, ***p<.001

이번에는 학업성취검사를 공변인으로 하고 종속변수로 동기조절 능력을 지정하여 공변량분석을 실시하였다. 표 26에서 보는 바와 같이, 동기조절 능력에 대한 실험집단과 통제집단 사이의 주효과는 통계적으로 유의미한 차이를 보였다($F_{(1,\ 77)} = 10.687$, $P = .002$). 이러한 결과로써, 본 연구에서 적용하였던 동기설계 수업모형이 학습자의 동기조절 능력에 영향을 미칠 것이라는 가설도 지지되었다.

동기조절 능력의 하위변인인 숙달목적지향성에 대하여 살펴보면, 숙달목적지향성에 대한 실험집단과 통제집단 사이의 주효과는 통계적으로 유의미한 차이를 보였다($F_{(1,\ 77)} = 9.646$, $P = .003$). 이러한 결과로 동기설계 수업모형의 적용이 학습자의 숙달목적지향성에 긍정적인 영향을 미친다는 것을 알 수 있다.

자아효능감에 대하여 살펴보면, 자아효능감에 대한 실험집단과 통제집단 사이의 주효과는 통계적으로 유의미한 차이를 보였다($F_{(1,\ 77)} = 5.358$,

$p=.023$). 이로써, 동기설계 수업모형을 적용하면 학습자의 자아효능감에 긍정적인 영향을 미친다고 해석할 수 있다.

성취가치감에 대하여 살펴보면, 실험집단과 통제집단 사이의 주효과가 통계적으로 유의미한 차이를 보이지 않았다. 이러한 결과로써, 동기설계 수업모형을 적용하였을 때 학습자의 성취가치감에 긍정적인 영향을 미치지 않는다는 것을 알 수 있다.

위에서 살펴 본 바와 같이 자기조절 학습능력과 밀접한 관련이 있는 정의적 특성과 학업성취도를 공변인으로 하여 분석해 본 결과, 정의적 특성을 공변인으로 한 분석에서는 전체 동기조절 능력에 대한 실험집단과 통제집단 사이의 주효과에서 통계적으로 유의미한 차이를 보일 뿐만 아니라 동기조절 능력의 하위변인 모두에서도 통계적으로 유의미한 차이를 보였다. 그러나 학업성취도를 공변인으로 한 분석 결과에서는 전체 동기조절 능력에 대해서는 유의미한 차이를 보였으나, 동기조절 능력 하위변인 중에서 성취가치감에서는 실험집단과 통제집단 사이의 주효과에서 통계적으로 유의미한 차이를 보이지 않았다. 그렇지만 이러한 결과는 동기설계 수업모형의 적용이 동기조절 학습능력에 영향을 미칠 것이라는 가설을 지지하여 준다.

3. 동기설계 수업모형 적용이 행동조절 능력에 미친 효과

가설 3. 교수·학습과정에서 동기설계 수업모형의 적용이 학습자의 행동 조절 능력에 영향을 미칠 것이다.

정의적 특성검사 결과를 공변인으로 한 행동조절 능력의 평균과 표준편차는 표 27에 제시하였다.

표 27 정의적 특성검사를 공변인으로 한 행동조절 능력의 평균과 표준편차

( )안은 표준편차

행동조절 능력		사전검사	사후검사	보정된 사후검사
행동통제	실험집단	2.87(.91)	3.20(.72)	3.26(.22)
	통제집단	2.84(.89)	2.84(.86)	2.79(.24)
학업시간의 관리	실험집단	2.95(.65)	3.44(.58)	3.44(.31)
	통제집단	2.70(.84)	2.68(.68)	2.68(.37)
도움구하기	실험집단	3.19(.59)	3.45(.45)	3.45(.36)
	통제집단	2.95(.75)	2.70(.65)	2.69(.39)
전 체	실험집단	3.03(.57)	3.38(.47)	3.40(.33)
	통제집단	2.85(.58)	2.73(.51)	2.72(.39)

표 27에서 보는 바와 같이, 실험 후 행동조절 능력에 대하여 공변인에 의해 수정된 실험집단의 행동조절 능력의 평균(3.40, SD＝.33)이 통제집단의 수정된 행동조절 능력 평균(2.72, SD＝.39)보다 더 높게 나타났다.

행동조절 능력의 하위변인인 행동통제에 대하여 살펴보면, 실험 후 행동통제에 대하여 공변인에 의해 수정된 실험집단의 행동통제 평균(3.26, SD＝.22)은 통제집단의 수정된 행동통제 평균(2.79, SD＝24)보다 높게 나타났다. 학업시간의 관리에 대하여 살펴보면, 실험 후 학업시간의 관리에 대하여 공변인에 의해 수정된 실험집단의 학업시간의 관리 평균(3.44, SD＝.31)이 통제집단의 수정된 학업시간의 관리의 평균(2.68, SD＝.37)보다 높게 나타났다. 도움구하기에 대하여 살펴보면, 실험 후 도움구하기에 대하여 공변인에 의해 수정된 실험집단의 도움구하기 평균(3.45, SD＝.36)이 통제집단의 수정된 도움구하기 평균(2.69, SD＝.39)보다 높게 나타났다.

표 28 정의적 특성검사를 공변인으로 하는 행동조절 능력
공변량분석

행동조절 능력		SS	df	MS	F	p
행동통제	공변량	1.078	1	1.078	1.786	.185
	주효과	3.962	1	3.962	6.566*	.012
	오 차	46.463	77	.603		
학업시간의 관리	공변량	1.166	1	1.166	2.889	.093
	주효과	10.431	1	10.431	25.853***	.000
	오 차	31.068	77	.403		
도움구하기	공변량	.600	1	.600	1.881	.174
	주효과	10.572	1	10.572	33.123***	.000
	오 차	24.578	77	.319		
전 체	공변량	.147	1	.147	.604	.439
	주효과	8.460	1	8.460	34.889***	.000
	오 차	18.672	77	.242		

*p<.05, ***p<.001

먼저 정의적 특성검사를 공변인으로 하고 종속변수를 행동조절 능력으로 지정하여 공변량분석을 실시하였는데, 행동조절 능력에 대한 공변량분석 결과는 표 28에 제시하였다.

표 28에서 보는 바와 같이, 행동조절 능력의 전체 결과를 살펴보면, 행동조절 능력에 대한 실험집단과 통제집단 사이의 주효과는 통계적으로 유의미한 차이를 보였다($F_{(1,\ 77)}=34.889$, $P=.000$). 이러한 결과는 교수·학습과정에서 동기설계 수업모형을 적용하면 행동조절 능력에 영향을 미칠 것이라는 가설을 지지해 준다.

행동조절 능력의 하위변인인 행동통제에 대하여 살펴보면, 행동통제에 대한 실험집단과 통제집단 사이의 주효과는 통계적으로 유의미한 차이를 보였다($F_{(1,\ 77)}=6.566$, $P=.012$). 이로 미루어 볼 때, 동기설계 수업모형 적용이 행동통제에 긍정적인 영향을 미치는 것으로 해석할 수 있다.

학업시간의 관리에 대하여 살펴보면, 학업시간의 관리에 대한 실험집단과 통제집단 사이의 주효과는 통계적으로 유의미한 차이를 보였다($F_{(1, 77)}$=25.853, P=.000). 이 결과를 보면, 동기설계 수업모형을 적용하는 것이 학습자의 학업시간의 관리에 긍정적인 영향을 미치는 것으로 해석할 수 있다.

도움구하기에 대하여 살펴보면, 도움구하기에 대한 실험집단과 통제집단 사이의 주효과는 통계적으로 유의미한 차이를 보였다($F_{(1, 77)}$=33.123, P=.000). 이러한 결과로 미루어 볼 때, 동기설계 수업모형의 적용이 학습자의 도움구하기에 긍정적인 영향을 미쳤다는 것을 알 수 있다.

학업성취도를 공변인으로 한 행동조절 능력의 평균과 표준편차는 표 29에 제시하였다.

표 29 학업성취도를 공변인으로 한 행동조절 능력 평균과 표준편차

( )안은 표준편차

행동조절 능력		사전검사	사후검사	보정된 사후검사
행동통제	실험집단	2.87(.91)	3.20(.72)	3.14(.25)
	통제집단	2.84(.89)	2.84(.86)	2.90(.29)
학업시간의 관리	실험집단	2.95(.65)	3.44(.58)	3.35(.12)
	통제집단	2.70(.84)	2.68(.68)	2.77(.18)
도움구하기	실험집단	3.19(.59)	3.45(.45)	3.37(.23)
	통제집단	2.95(.75)	2.70(.65)	2.78(.29)
전 체	실험집단	3.03(.57)	3.38(.47)	3.30(.24)
	통제집단	2.84(.58)	2.73(.51)	2.81(.28)

표 29에서 보는 바와 같이, 실험 후 행동조절 능력에 대하여 공변인에 의해 수정된 실험집단의 행동조절 능력 평균(3.30, SD=.24)이 통제집단의 수정된 행동조절 능력 평균(2.81, SD=.28)보다 높게 나타났다.

행동조절 능력의 하위변인인 행동통제에 대하여 살펴보면, 실험 후 행동통제에 대한 공변인에 의해 수정된 실험집단의 행동통제 평균(3.14,

SD=.25)이 통제집단의 수정된 행동통제 평균(2.90, SD=.29) 보다 높게 나타났다. 학업시간의 관리에 대하여 살펴보면, 실험 후 학업시간의 관리에 대하여 공변인에 의해 수정된 실험집단의 학업시간의 관리 평균(3.35, SD=.12) 통제집단의 수정된 학업시간의 관리평균(2.77, SD=.18)보다 높게 나타났다. 도움구하기에 대하여 살펴보면, 실험 후 도움구하기에 대한 공변인에 의해 수정된 실험집단의 도움구하기 평균(3.37, SD=23)이 통제집단의 수정된 도움구하기 평균(2.78, SD=.29)보다 높게 나타났다.

학업성취도를 공변인으로 한 동기조절 능력에 대한 공변량분석 결과는 표 30에 제시하였다.

표 30 학업성취도를 공변인으로 하는 행동조절 능력 공변량분석

행동조절 능력		SS	df	MS	F	p
행동통제	공변량	5.433	1	5.433	9.302**	.003
	주효과	1.091	1	1.091	1.868	.176
	오 차	44.979	77	.584		
학업시간의 관리	공변량	13.868	1	13.868	47.721***	.000
	주효과	6.420	1	6.420	22.092***	.000
	오 차	22.376	77	.291		
도움구하기	공변량	11.538	1	11.538	50.183***	.000
	주효과	6.509	1	6.509	28.313***	.000
	오 차	17.703	77	.230		
전 체	공변량	10.308	1	10.308	64.153***	.000
	주효과	4.598	1	4.598	28.614***	.000
	오 차	12.373	77	.161		

**p<.01, ***p<.001

이어서 학업성취검사를 공변인으로 하고 종속변수로 행동조절 능력을 지정하여 공변량분석을 실시하였다. 표 30에서 보는 바와 같이, 행동조절 능력에 대하여 살펴보면, 행동조절 능력에 대한 실험집단과 통제집단 사이

의 주효과는 통계적으로 유의미한 차이를 보였다(F$_{(1, 77)}$=28.614, P=.000). 이러한 결과는, 본 연구에서 적용하였던 동기설계 수업모형이 학습자의 행동조절 능력에 영향을 미칠 것이라는 가설을 지지해 준다.

행동조절 능력의 하위변인인 행동통제에 대하여 살펴보면, 실험 후 행동통제에 대한 공변인에 의해 수정된 실험집단의 행동통제 평균(3.14)이 통제집단의 수정된 행동통제 평균(2.90) 보다 높게 나타났으나, 실험집단과 통제집단 사이의 주효과는 통계적으로 유의미한 차이를 보이지 않았다. 이러한 결과로써, 동기설계 수업모형의 적용이 학습자의 행동통제에 긍정적인 영향을 미치지 않는 다는 것을 알 수 있다.

학업시간의 관리에 대하여 살펴보면, 학업시간의 관리에 대한 실험집단과 통제집단 사이의 주효과는 통계적으로 유의미한 차이를 보였다(F$_{(1, 77)}$=22.092, P=.000). 이러한 결과로써, 동기설계 수업모형이 학습자의 학업시간관리에 긍정적으로 영향을 미친다는 것을 알 수 있다.

도움구하기에 대하여 살펴보면, 도움구하기에 대하여 실험집단과 통제집단 사이의 주효과는 통계적으로 유의미한 차이를 보였다(F$_{(1, 77)}$=28.313, P=.000). 따라서 동기설계 수업모형 적용이 학습자의 도움구하기에 긍정적인 영향을 미친다고 해석할 수 있다.

이상 살펴 본 바와 같이 자기조절 학습능력과 밀접한 관련이 있는 정의적 특성검사 결과와 학업성취도 결과를 공변인으로 하여 분석해 본 결과, 두 경우 모두 실험집단과 통제집단 사이의 주효과에서 통계적으로 유의미한 차이를 보였다. 그러나 정의적 특성검사 결과를 공변인으로 하였을 때는 행동조절 능력의 하위변인 모두 통계적으로 의의를 보였지만, 학업성취도 결과를 공변인으로 했을 때는 행동조절 능력의 하위변인 중 행동통제에서 통계적으로 유의미한 차이를 보이지 않았다. 그렇지만 이러한 결과는 동기설계 수업모형을 적용하면 학습자의 행동조절 능력에 영향을 미칠 수 있다는 가설을 지지해 준다.

V. 결론 및 제언

본 연구에서는 동기설계 수업모형의 적용이 자기조절 학습능력의 구성요소인 인지조절 능력, 동기조절 능력, 행동조절 능력에 미치는 효과를 검증하고자 하였다. 본 장에서는 먼저 자료의 분석결과를 요약하고 이 결과들이 시사하는 바를 연구가설에 맞추어 논의한 후, 본 연구의 제한점을 통해 후속연구에서 고려되어야 할 사항에 대해 언급하였다.

1. 결론 및 논의

동기설계 수업모형을 적용함으로써 자기조절 학습능력의 구성요소인 인지조절 능력, 동기조절 능력, 그리고 행동조절 능력에 영향을 미칠 것이라는 가설을 검증하였는 바 아래와 같은 결과를 얻었다.

첫째, 동기설계 수업모형은 자기조절 학습능력의 구성요소인 인지조절 능력에 긍정적인 영향을 미치는 것으로 나타났다. 동기설계 수업모형을 적용한 집단이 통제집단에 비하여 인지전략 사용과 메타인지전략 사용이 의미있게 높은 것으로 밝혀진 것은 학생들의 주의집중과 관련성을 인식시켜주는 교실환경에서 자기조절 학습능력 촉진을 위한 기회를 더 많이 가졌다는 Perry와 VandeKamp(2000)의 연구결과와 일치하였다. 또 주의집중전략에 해당하는 흥미, 관련성 전략에 해당하는 목표지향성의 격려와 만족감 전략에 해당하는 공정한 보상 제공이 인지전략과 초인지 전략 사용과 상관이 있다는 Mcwhaw와 Abrami(2000)의 연구결과와 일치하였다.

따라서 동기설계 수업모형을 적용한 교수·학습과정은 자기조절 학습능력의 구성요소 중에 인지전략의 사용과 메타인지전략 사용을 하위변인으로 하는 인지조절 능력에 영향을 미친다는 것을 알 수 있다.

둘째, 동기설계 수업모형을 적용한 집단은 통제집단에 비하여 자기조절 학습능력 중에 동기조절 능력에 긍정적인 영향을 미쳤다. 정의적 특성검사 결과를 공변인으로 한 분석결과에서, 숙달목적지향성과 자아효능감, 그리고 성취가치감이 의미있게 높은 것으로 밝혀진 것은 동기설계 수업모형의 관련성 전략과 숙달목적지향성과 자아효능감 그리고 성취가치감 사이에 강한 긍정적 관계가 있다는 Newby(1991)의 연구결과와 일치하였다. 또한 주의집중과 관련성 전략이 성취가치감과 숙달목적지향성과 같은 동기를 자극하는 데 가장 효과적이라고 생각하는 학생들이 75%이상 됨을 확인한 Small 과 그의 동료(1996)의 연구결과와도 일치하였다.

따라서 동기설계 수업모형을 적용한 교수·학습과정은 자기조절 학습능력 중에 숙달목적지향성, 자아효능감과 성취가치감을 하위요소로 하는 동기조절 능력에 영향을 미친다는 것을 알 수 있다.

셋째, 동기설계 수업모형을 적용한 집단은 통제집단에 비하여 행동통제, 학업시간관리, 그리고 도움구하기 행동이 의미있게 높은 것으로 밝혀진 것은 Heckhausen(1984)의 동기유발 전략의 제공이 행동통제를 가능하게 해 준다는 연구결과와 일치하였다. 그리고 동기설계 수업모형의 외재적 강화를 통한 만족감 전략이 학습자의 행동통제에 영향을 미쳤다는 Mace와 동료들(1989)의 연구결과와도 일치한다. 또한 Britton과 Tesser(1991)의 목적지향성과 성공기대와 같은 관련성 전략이나 자신감 전략이 학업시간관리와 높은 상관을 보인다고 한 연구결과와 일치하였다. 교사가 동기설계 수업모형의 요소인 주의집중과 관련성을 인식시켜줌으로써 지식을 창출할 수 있도록 도와주는 교실환경에서 효과적인 도움구하기 행동을 보인다고 한 Perry와 VandeKamp(2000)의 연구와도 일치하였다.

이상의 연구결과를 종합해 보면, 동기설계 수업모형이 자기조절 학습능력에 의미있는 효과가 있는 것으로 밝혀졌다. 학습자의 자기조절 학습능력은 효과적이고 효율적이며 매력적인 학습에 매우 중요하다. 교수·학습과정에서 동기설계 수업모형을 적용하여 자기조절 학습능력이 향상된다는 것은 매우 의미있는 발견이라고 생각된다. 이는 초등학교 교사들의 교실수업 개선에 시사하는 바가 크다. 앞으로 초등학생에게 자기조절 학습능력을 형성하고 신장시키기 위해서 더욱 구조적이고 정교화 된 동기설계 수업모형을 개발하여 교수·학습과정에 적용해야 할 필요가 있는 것으로 생각된다.

2. 제 언

본 연구 결과를 기초로 후속 연구에서 고려되어야 할 사항과 교육방법에 대한 제언은 다음과 같다.

첫째, 초등학교 교과과정에서 일반화가 용이하도록 하기 위해서는 동기설계 수업모형의 정교화 작업이 필요하다. Keller와 송상호(1998)가 제안한 10단계 ARCS 동기설계 모형으로 동기유발 전문가로서 경험이 쌓인 후에, Driscoll(2000)이 제안한 좀 더 구조화 된 Keller의 동기설계 4단계를 적용하면 교육현장에서 활용하기에 용이하여 일반화하기에 쉬워질 것이다.

둘째, 본 연구에서는 동기설계 수업모형의 초등학교 6학년 학생의 자기조절 학습능력에 미치는 효과 검증을 시도해 보았지만, 그에 대한 선행연구가 많지 않아서 어려움이 많았다. 앞으로의 연구에서는 다양한 발달단계에서의 동기설계 수업모형의 적용을 통한 자기조절 학습능력과의 관계 검증이 요구된다.

셋째, 교과 특성에 따라 연구결과가 달라질 수 있다. 본 연구는 학습자의 사전 지식과 동기수준에 차이를 나타내는 사회교과 학습과제를 선택했지만 향후 연구에서는 특성이 다른 여러 가지 교과에서 학습과제를 사용하면 다른 연구결과를 얻을 수 있을 것이다.

넷째, 본 연구에서는 실험집단을 연구자가 담임하여 지도하였고, 연구협력자가 통제반을 지도하였다. 담임교사가 실험집단을 맡게 되는 경우에 노력, 관심, 그리고 시간 등에서 긍정적인 반응을 할 수도 있다. 그래서 후속연구에서는 연구협력자가 실험집단을 맡고, 연구자가 통제반을 맡으면, 이러한 현상에 대한 통제가 가능할 것이다.

다섯째, 본 연구는 연구대상을 중소도시의 1개교에서 선정하였으나 지역을 달리하여 적용하면 다른 효과를 얻을 수 있을 것이다.

여섯째, 동기설계 수업모형의 효과는 자기조절 학습능력의 구성요소인 인지조절 능력, 동기조절 능력, 그리고 행동조절 능력에서 긍정적인 효과가 있었다. 특히 학습자의 동기 수준을 진단하여 처방할 동기전략을 제공함으로써 학습부진아 문제나 제 7차 교육과정의 중요한 문제인 수준별 지도, 개별화 지도와 같은 문제해결에도 기여할 수 있을 것이다.

참고문헌

길현주 (2001). ARCS모형이 사회과 동기유발에 미치는 효과 연구. 서울대학교 대학원 석사학위논문.

김아영 (1998). 동기이론의 교육현장 적용 연구와 과제: 자아효능감 이론을 중심으로. 한국교육심리학회 연차 학술대회, 교육심리연구, 12(1), 105-133.

김홍경 (2000). Keller의 동기유발 수업전략이 학업성취와 학습동기에 미치는 효과. 서강대학교 대학원 석사학위논문.

박수경 (1998). ARCS전략을 적용한 구성주의적 수업이 과학개념 획득과 동기유발에 미치는 효과. 부산대학교 대학원 박사학위논문.

박수경·김영환·김상달. (1996). 동기유발을 위한 ARCS이론을 적용한 수업이 지구과학 학업성취도와 태도에 미치는 영향. 한국과학교육학회지, 16(4), 429-440.

박승호 (1995). 초인지, 초동기, 행동통제와 자기조절학습과의 관계. 교육심리연구, 9, 57-89.

변혜종 (1990). 자녀가 지각한 부모의 양육태도와 내외통제성 및 학업성취의 관계. 충남대학교 대학원 석사학위논문.

송상호 (1998a). 동기적으로 적응적인 컴퓨터 매개수업 설계를 위한 학습동기의 정의: ARCS 모델의 재고찰. 교육공학연구, 14(3), 119-141.

송상호 (2001). 매력적인 수업의 필요성과 방안. 교육마당, 21(4), 116-125.

송인섭 (1990). 인간심리와 자아개념. 서울: 양서원.

송인섭 (1998). 인간의 자아개념 탐구. 서울: 학지사.

송인섭 (2000). 목표지향성, 자기조절학습, 학업성취와의 관계 연구. 교육심리연구, 14(2), 29-64.

116

신민희 (1996). 학습자 통제하의 컴퓨터 보조수업에서 학습자의 자기통제 기술의 역할. 교육공학연구지, 12(2), 247-262.

신민희 (1998). 자기조절 학습이론 : 의미, 구성 요소, 설계원리. 교육공학연구지, 14(1). 143-162.

신민희 (1998). 자기조절학습이 학습성취와 동기에 미치는 영향. 교육공학연구지, 14(3), 177-204.

양명희 (2000). 자기조절학습의 모형탐색과 타당화 연구. 서울대학교 대학원 박사학위논문.

오승하 (2002). ARCS모델을 이용한 컴퓨터 매개수업에서의 동기유발 전략. 목포대학교 대학원 석사학위논문.

이병준 (1992). 국민학교 아동의 내외 통제성과 학업성취도와의 관계. 순천향대학교 대학원 석사학위논문.

이선종 (2000). 초등학생이 지각한 교사와의 인간관계, 학습태도 및 학문적 자아개념과의 관계. 원광대학교 대학원 석사학위논문.

임한용 (1986). 국민학교 아동의 학습성취가 자아개념과 태도에 미치는 영향. 충남대학교 대학원 석사학위논문.

정미경 (1999). 자기조절학습과 학업성취도의 관계에 관한 구조모형 검증. 숙명여자대학교 대학원 박사학위논문.

정정옥 (1995). 자기조절학습이 정상아와 학습장애아의 학업성취도에 미치는 영향. 서울여자대학교 대학원 박사학위 논문.

조영숙 (1996). Keller의 학습동기화 모형을 적용한 교수자료의 학습효과 분석. 서울대학교 대학원 석사학위논문.

조의상 (2001). ARCS학습전략을 적용한 수업이 초등학생의 환경에 대한 인식과 행동에 미치는 효과. 한국교원대학교 대학원 석사학위논문.

황정규 (1984). 학교학습과 교육평가. 서울: 교육출판사.

켈러·송상호 (1999). 매력적인 수업설계. 서울: 교육과학사.

Adams, J. S. (1965). Inequity in social exchange. In L. Berkowitz (Ed.), *Advances in experimental social psychology(Vol. 2)*. New York: Academic Press, 1965.

Alexander, P. A. (1997). Knowledge-seeking and self-schema: A case for the motivational dimensions of exposition. *Educational Psychologist, 32*, 83-94.

Ames, C. (1992). Classrooms: goals, structures, and student motivation. *Journal of Educational Psychology, 84*, 261-271.

Ames, C., & Archer, J. (1988). Achievement goals on the classroom: Students' learning strategies and motivational processes. *Journal of Educational Psychology, 80*, 260-267.

Amstrong (1989). The development of self regulation skills through the modeling and structuring of computer programming. *Educational Technology Research & Development, 37(2)*, 69-76.

Bandura, A. (1982). Self-efficacy mechanism in human agency. *American Psychologist, 37*, 122-147.

Bandura, A. (1989). Human agency in social cognitive theory. *American Psychologist, 44*, 1175-1184.

Bandura, A. (1991). Social cognitive theory of self-regulation. *organizational behavior and human decision processing, 50*, 248-287.

Beck, R. C. (1990). *Motivation: Theories and principles(3rd ed.)*. Englewood Cliffs, NJ : Prentice-Hall.

Berlyne, D. E. (1965). Motivational problems raised by exploratory and epistemic behavior. In S. Koch(Ed.), *Psychology: A study of a science* (Vol. 5). New York: McGraw Hill.

Bickford, N. L. (1989). *The systematic application of principles of motivation the design of printed instructional materials.* Unpublished doctoral dissertation. Florida State University.

Bloom, B. S. (1976). *Human characteristics and school learning.* New York: McGraw-Hill.

Blumenfeld (1992). Classroom learning and motivation: Clarifying and xexpanding goal theory. *Journal of Educational Psychology, 84,* 272-281

Boekaerts, M. (1999). Self-regulated learning. *International Journal of Educational Research, 31,* 443-456.

Briggs, L. J. (1984). Whatever happened to motivation and the affective domain? *Educational Technology, 24(5),* 33-44.

Britton, B. K., & Tesser, A. (1991). Effects of time management practices on college grades. *Journal of Educational Psychology, 83,* 405-410.

Brown, A. L. (1987). *Metacognition, executive control, self-regulation and other more mysterious mechanism.* Hillsdale, NJ: Lawrence Erlbaum Associates.

Bulter, R. (1987). Task-involving and ego-involving properties of evaluation: Effects of different feedback conditions on motivational perceptions, interest, & performance. *Journal of Educational Psychology, 79,* 474-482.

Bundura, A. (1977). Self-efficacy : Toward a unifying theory of behavioral change. *Psycholigical Review, 84,* 191-215.

Corno, L. (1989). Self-regulated learning: A volitional analysis. In B. J. Zimmerman & D. H. Schunk(Eds.). *Self-regulated learning and academic achievement:* Theory, research, and practice, 111-141.

New York: Springer-Verlag.

Corno, L, & Mandinach, E. (1983). The role of cognitive engagement in classroom learning and motivation. *Educational Psychologist, 18,* 88-108.

Corno, L. (1992). Encouraging students to take responsibility for learning and performance. *Elementary School Journal. 93(71),* 67-83.

Corno, L. (1993). The best-laid plans; Modern conception of volition and educational research. *Educational Researcher, 22,* 14-22.

Corno, L., & Mandinach, E. (1983). The role of cognitive engagement in classroom learning and motivation. *Educational Psychologist, 18,* 88-108.

Cross, D. R., & Paris, S. G. (1988). Developmental and instructional analyses of children's metacognition and reading comprehension. *Journal of Educational Psychology, 80,* 131-142.

Dermody, M. (1988). *Metacognitive strategiess for development of reading comprehension for younger children.* Paper presented at the annual meeting of the American Association of Colleges for Teacher Education. New Orleans, LA.

Deweck, C. S. (1975). The role of expectations and attributions in the alleviation of learned helplessness. *Journal of Personality and Social Psychology, 31,* 647-695.

Dick, W., & Carey, L. (1990). *The Systematic design of instruction, 4th Edition.* New York: Harper Collins.

Driscoll, M. P. (2000). Motivation and self-regulation in learning. *Psychology of Learning for Instruction,* 301-338. Massachuse: Allyn and Bacon.

120

Eccles, J. S., & Midgley, C. (1989). Stage-environment fit:
     Developmentally appropriate classrooms for young adolescents. In C.
     Ames & R. Ames(Eds.). *Research on motivation in education, 3,*
     139-186. San diego, CA : Academic Press.

Ellot, E. S., & Dweck, C. S. (1988). Goal: An approach to motivation
     and achievement. *Journal of Personality and Social Psychology,
     54,* 5-12.

Ertmer, P. A., & Newby, T. J. (1996). The expert learner: Strategic, self
     regulated and reflective. *Instructional Science, 24(1),* 1-24.

Flavell, J. H. (1979). Metacognition and cognitive monitoring. *American
     Psychologist, 34,* 906-911.

Flavell, J. H. (1997). *Speculations about the nature and development of
     metacognition.* Hillsdale, New Jersey : IEA.

Fulford, C. P., & Zhang, S. (1993). Perception of interaction: The
     critical predictor in distance education, *American Journal of
     Distance Education, 7(3),* 8-21.

Gagne, R. M. (1985). *The Conditions of learning and theory of
     instruction*(4th ed.). Holt, Rinehart and Winston.

Garcia, T., & Pintrich, P. R. (1994). "Regulateing motivation and
     cognition on the classroom: The role of self-schemas and
     self-regulatory strategies." In D. H. Schunk & B. J. Zimmerman
     (Eds.). *Self-regulation of learning and performance: Issues and
     educational applications.* Hillsdale, NJ: Lawrence Erlbaum
     Associates.

Graham, S., & Backer, G. P. (1990). The down side of help: an
     attributional-developmental analysis of helping behavior as a

low-ability cue. *Journal of Educational Psychology, 82,* 7-14.

Graham, S., & Harris, K. R. (1989). Components analysis of cognitive strategy instruction: Effects of learning disabled students' compositions and self-efficacy. *Journal of Educational Psychology, 81,* 353-361.

Graham, S., & Harrisrami, K. R. (2000). The role of self-regulation and transcription skills in writing and writing development. *Educational Psychopogy, 35(1),* 3-12.

Heckhausen, H. (1984). Emergent achievement behavior: Some early developments. In J. G. Nicholls(Ed.), *The Development of Achievement Motivation, 3,* 1-37. Greenwich, CT: JAI Press.

Henderson, R. W. (1986). Self-regulated learning: Implications for the design of instructional media. *Contemporary Educational Psychology, 11,* 405-427.

Jones, E. E., Kanouse, D. E., Kelley, H. H., Nisbett, R. E., Valins, S., & Weiner, B. (1979). *Attribution: Perceiving the Causes of Behavior.* Morristown, NJ: General Learning Press.

Kuhl, J. (1985). Volitional mediators of cognition-behavior consistency: self-regulatory processes and action versus state orientation. In J. Kuhl & Beckmann (Eds.). *Action control: From cognition to behavior.* West Berlin: Springer-Verlag.

Keller, J. M. (1979). Motivation and instructional design: A theoretical perspective. *Journal of Instructional Development, 2(40),* 26-34.

Keller, J. M. (1983). Motivitional design of instruction. In C. M. Regelluth(Ed.), I*nstructional-design theories and model: An overview of their current status.* Hilllsadale, NJ: Lawrence

Erlbaum Asssociates.

Keller, J. M. (1987a). Development and use of the ARCS model of motivational design. *Journal of Instructional Development, 10(3),* 2-10.

Keller, J. M. (1987b). Strategy for stimulating the motivation to learn. *Performance and Instruction, 26(8),* 1-7.

Keller, J. M. (1987c). The systematic process of motivational design. *Performance and Instruction, 26(9). 1-8.*

Keller, J. M. (1993). *Motivation by design.* Tallahassee, FL: John Keller Associates.

Keller, J. M. (1994). Motivation in instructional design. In T. Husen, & T. N. Postlethwaite(Eds.), *International Encyclo- pedia of Education*(2nd Edition). Oxford: Pergammon Press.

Keller, J. M. (1995). *Motivation by design.* Tallahassee, FL: John Keller Associates.

Keller, J. M., & Kopp, C. B. (1987). An application of the ARCS model of motivational design. IN C. M. Reigeluth(Ed.) *Instructional theories in action: Lessons illustrating selected theories and models.* Hillsdale, NJ: Lawrence Erlbaum Associates, 289-320.

Klein, J. D., & Freitag, E. T. (1992). Training students to utilize self-motivational strategies, *Educational Technology. 32(3),* 44-48.

Lee, M. J. (1991). *Effects of differdnt loci of instructional control on students' metacognition and cognition: Learner vs. program control.* Unpublished doctoral dissertation. University of Wisconsin, Medison, WI.

Lewin, K. (1935). A dynamic theory of personality. New York: McGraw

Hill.

Macan, T. H., Shahani, C., Dipboye, R. L., & Phillips, A. P. (1990). College students' time management; correlations with academic performance & stress. *Journal of Educational Psychology, 82,* 760-768.

Mace, F. C., Belfiore, P. J., & Shea, M. C. (1989). Operant theory and research on self-regulation. In B. J. Zimmerman & D. H. Schunk (Ed.). *Self-regulated Learning and Academic Achievement: Theory, Research, and Ractice.* New York: Springer-Verlag, 27-50.

Marnus, H., & Nurius, P. (1986). Possible selves. *American Psychologist, 41,* 954-969.

Marsh, H. W., & Shavelson, R (1985). Self-concept: Its multifaced, hierarchical structure. *Educational Psychologist, 20,* 107-123.

McCombs, B. L. (1984). Processes and skills underlying continuing intrinsic motivation to learn: Toward a definition of motivation skills training interventions. *Educational Psychologist, 19,* 199-218.

McCombs, B. L. (1989). The role of the self-system in self-regulated learning: The self as agent in integrating will and skill. *Educational Psychologist, 25(1),* 51-69.

McCombs, B. L., & Marzano(1990). Putting the self in self-regulated learning: The self as agent in integrating will and skill. *Educational Psychologist, 25(1),* 51-70.

McKeachie, W. J., Pintrich, P. R., & Lin, Y. (1985). Teaching learning strategies. *Educational Psychologist, 20,* 153-160.

McMullin, D., & Steffen, J. (1982). Intrinsic motivation and performance standards. *Social Behavior and Personality, 10,* 47-56.

McWhaw, K., & Abrami, P. C. (2001). Student goal orientation and Interest: effect on students' use of self-regulated Learning strategies. *Contemporary Educational Psychopogy, 26,* 311-329.

Means, J. L., Jonassen, D. H., & Dwyer, F. M. (1997). Enhancing relevance: Embedded ARCS strategies vs. purpose. *Educational Technology Research and Development, 45,* 5-17.

Meece, J. L., Blumenfeld, P. C., & Hoyle, R. H. (1988). Students' goal orientations and cognitive engagement in classroom activities. *Journal of Educational Psychology, 80,* 514-523.

Meece, J. L., Wigfield, A., & Eccles, J. S. (1990). Predictors of math anxiety and its influence on young adolescents' course enrollment intentions and performance in Mathematics. *Journal of Educational Psychology, 82,* 60-70.

Miller, R. B., Behrens, J. T., Greene, B. A., & Newman, D. (1993). Goals and perceived ability: impact on student valuing, self-regulation, and persistence. *Contemporary Educational Psychology, 18,* 2-14.

Minhee, S. (1998). Promoting students' self-regulation Ability: Gudelines for instructional design. *Educational Technology, 12,* 38-43.

Moller, L. (1993). *Increasing learner motivation and achievement through confidence building strategies.* Unpublished doctoral dissertation. Purdue University.

Morgan, R. S. (1985). Self-monitoring of attained subgoals on private study. *Journal of Educational Psychology, 77,* 623-630.

Multon, R. B., Brown, S. D., & Lent, R. W. (1991). Relation of self-efficacy beliefs to academic outcomes: A meta-analytic investigation. *Journal of Counseling Psychology, 38,* 30-38

Newby, T. J. (1991). Classroom motivation strategies of first-year teachers. *Journal of Educational Psychology, 83*, 195-200.

Nichols, J. (1984). Achievement motivation: Conception of ability, subjective experience, task choice, and performance. *Psychological Review, 91*, 328-346.

Oettingen. G., Honig. G., & Peter, M. G. (2000). Effective self-regulation of goal attainment *International Journal of Educational Research, 33*, 705-732.

Okey, J. R., & Santiago, R. S. (1991). Integrating instructional design and motivational design. *Performance Improvement Quarterly, 4*, 11-21.

Paris, S. G., & Brynes, J. P. (1989). The constructive approach to self-regulation and learning in the classroom. In D. Schunk & B. Zimmerman (Eds.). *Self-regulation of learning and performance: issues and educational applications.* Hillsdale, NJ: Lawrence Erlbaum Associaters.

Paris, S. G., & Jacobs, J. E. (1984). The benefits of informed instruction for children's reading awareness and comprehension skills. *Child Development, 55*, 2083-2093.

Paris, S. G., Lipson, M. Y., & Wixson, K. K. (1983). Becoming a strategic reader. *Contemporary Educational Psychology, 8*, 293-316.

Paris; S. G., & Newman, R S. (1990). Developmental aspects of self regulated learning. *Educational Psychologist, 25(1)*, 87-102.

Perry, N. E. (1998). Young Children's self-regulated learning and contexts that support it. *Journal of Educational Psychology, 90(4)*, 715-729.

Perry, N. E., & VandeKamp, K. O. (2000). Creating classroom contexts support young children's development of self regulated learning. *International Journal of Educational Research 33*, 821-843.

Pintrich, P. R. (1999). The role of motivation in promoting and sustaining self-regulated learning. *International Journal of Educational Research, 31*, 459-469.

Pintrich, P. R., & De Groot E. V. (1990). Motivational and self-regulated learning components of classroom academic performance. *Journal of Educational Psychology, 82*, 33-40.

Pintrich, P. R., Marx, R. W., & Boyle, R. A. (1993). Beyond cold conceptual chang: the role of motivational beliefs and classroom contextual factors on the process of conceptual change. *Review of Educational Research, 63*, 167-199.

Pintrich, P. R., & Schunk, D. H. (1996). *Motivation In Education: Theory, Research, and Applications.* Englewood Cliffs, Ohio: Merrill, Prentice-Hall.

Pokay, P., & Blumenfeld, P. C. (1990). Predicting achievement early and late in the semester: the role of motivation and use of learning strategies. *Journal of Educational Psychology, 82*, 41-50.

Pressly, M. (1986). The relevance of the good strategy user model to the teaching of Mathematics. *Educational Psychologist, 21*, 139-161.

Price, C. B. (1989). *The influence of textual display in printed instruction on attention and performance.* Unpublished doctoral dissertation. Florida State University.

Relan, A. (1992). Motivational strategies in computer based instruction. Some lessons from theories and models of motivation. Proceedings of Selected Research and Development Presentations at the 1992

Convention of the Association for Educational Communications and Technology. (ERIC Document Reproduction Service No. ED 348017).

Rohrkemper, M. M. (1989). Self-regulated learning and academic achievement: A Vygoskyian view. In B. J. Zimmerman & D. H. Schunk(Ed.). *Self-regulated learning and academic achievement: Theory, Research and Practice.* New York: Springer-Verlag.

Rotter, J. B. (1966). Generalized expectancies for internal versus external control of reinforcement. *Psychological Monographs, 80* (1, Whole No. 609).

Schmitt, M. F., & Newby, T. J. (1986). Metcognition: Relevance to instructional design. *Journal of Instructional and Development, 9(4),* 29-33.

Schraw, G., & Dennison, R. S. (1994). Assessing metacognitive awareness. *Contemporary Educational Psychology, 19,* 460-475.

Schunk, D. H. (1982). Effects of effort attributional feedback on children's perceived self-efficacy and achievement. *Journal of Educational Psychology, 74,* 548-556.

Schunk, D. H. (1983). Developing children's self-efficacy and skills: the roles of social comparative information and goal setting. *Contemporary Educational Psychology, 8,* 76-86.

Schunk, D. H. (1984). Self-efficacy perspective on achievement behavior. *Educational Psychologist, 19,* 48-50.

Schunk, D. H. (1990). Goal setting and self-efficacy during self-regulatory processes. (ERIC Document Reproduction NO. ED 339217).

Schunk, D. H. (1993). *Enhancing strategy use: Influences of strategy*

128

value and goal orientation. Paper presented at the annual meeting of the American Educational Research Association. Atlanta, GA.

Schunk, D. H., Hanson, A. R., & Cox, P. D. (1987). Peer-model attributes and children's achievement behaviors. *Journal of Educational Psychology, 79,* 54-61.

Schunk, D. H., & Rice, J. M. (1987). Enhancing comprehension skill and self efficacy with strategy value information. *Journal of Reading Behavior, 19.* 285-302.

Schutz, P. A., & Davis, H. A. (2000). Emotions and self-regulation during test taking. *Educational Psychologist, 35(4),* 243-256.

Seligman, M. E. (1975). *Helplessness.* San Francisco: Freeman.

Senecal, C., Koestner, R., & Vallerand, R. J. (1995). Self-regulation and academic procrastination. *The Journal of Social Psychology, 135,* 607-617.

Shin, M. H. (1998). Promoting self-regulation ability: guidelines for instructional design. *Educational Technology, 38(1),* 247-262.

Sink, C. A. (1991). Self-regulated learning and academic performance in middle school children.(ERIC Document Reproduction Service No. ED 334270).

Song, S .H. (1998). *The effect of motivationally-adaptive CAI developed through the ARCS model.* unpublished doctoral dissertation, College of Education, Florida State University, Tallahassee. Florida, USA.

Sperber, D., & Wilson, D (1986). Relevance: Communication and cognition. Cambridge, MA: Harvard University Press.

Steers, R. M., & Porter, L. W. (1983). *Motivation and work behavior.*

New York: McGraw-Hill.

Stevens, R. J. (1986). The effects of strategy training on the identification of the main idea of expository passages. (ERIC Document reproduction Service No. ED 297263).

Stipek, D. J., & Weisz, J. R. (1981). Perceived personal control and academic achievement. *Review of Educational Psychology, 51(1),* 101-137.

Thomas, J. B. (1973). Self-concept in psychology and education: *A Review of Research.* NFER Publishing Company.

Tolman, E. C. (1949). *Purposive behavior in animals and men.* Berkely: University of California press.

Uguroglu, M., & Walberg, H. (1979). Motivation and achievement: A quantitative synthesis. *American Educational Research Journal, 16,* 375-389.

Visser, J., & Keller, J. M. (1990). The clinical use of motivational messages: An inquiry into the validity of the ARCS model of motivational design. *Instructional Science, 19,* 467-500.

Vroom, V. H. (1964). *Work and motivation.* New York: John Wiley and Sons.

Wang, M. C. (1983). *Development and consequences of student's aense of personal control.* Hillsadale, NJ: Erlcaum.

Weiner, B. (1974). *Achievement motivation and attribution theory.*

Morristown, NJ: General Learning Press.

Weiner, B. (1992). *Human motivation: Metaphors, theories and research.* Newbery Park, CA: Sage Publication, Inc.

Weinstein, C., & Mayer, R. (1986). The teaching of learning strategies.

In Wittrock, M. (Eds.), *Handbook of Research on Teaching*, 315-327. New York: MacMillan.

Yang, Y. C. (1991). *The effects of self regulatory skills and the type of instructional control on learning from computer based instruction.* Unpublished doctoral dissertation. Florida State University. Tallahassee, FL.

Zimmerman, B. J. (1986). Becoming a self-regulated learner: Which are the key subprocesses *Contemporary Educational Psychology, 11,* 307-313.

Zimmerman, B. J. (1989). A social cognitive view of self-regulated academic learning. *Journal of Educational Psychology, 81(3),* 329-339.

Zimmerman, B. J. (1990). Self-regulated learning and academic achievement: An overview. *Educational Psychologist, 25(1),* 3-17.

Zimmerman, B. J.(1999). Acquiring writing revision skil: Shifting from process to outcome self-regulatory goals. *Journal of Educational Psychopogy, 91(2),* 241-250.

Zimmerman, B. J. (1999). Commentary: Toward a cyclically interactive view of self-regulated learning. *International Journal of Educational Research, 31* 545-551.

Zimmerman, B. J., & Kitsantas, A. (1997). Developmental phases in self-regulation: Shifting from process goal to outcome goals. *Journal of Educational Psychopogy, 89(1),* 29-36.

Zimmerman, B. J., & Martinez-Pons, M. (1988). Construct validation of a strategy model of student self-regulated learning. *Journal of Educational Psychology, 80,* 284-290.

부 록

학습방법 질문지

여러분은 21세기의 주역입니다.

어린이 여러분, 안녕하세요.

소중한 시간을 내주셔서 감사합니다.

이 질문지는

(1) 여러분이 어떤 학습방법을 주로 사용하며, 자신의 학습에 얼마나 만족하는지를 알아보고자 하는 것입니다.

(2) 각 문항은 옳고 그른 답이 없으므로, 한 문항에 오랜 시간동안 생각하지 않아도 됩니다.

(3) 여러분이 응답하신 내용은 비밀이 보장되며 연구목적으로만 사용하니 솔직하게 답해 주시기 부탁드립니다.

* 답해 주신 하나하나의 문항은 아주 소중한 연구자료가 될 것입니다. 대단히 감사합니다.

♠ 응답 요령

① 끝까지 한 문항도 빠짐없이 표시해 주십시오.

② 의문사항이 있으면 손을 들어주십시오.

2002년

국민대학교 대학원 백 승 희

고봉초등학교 6학년 (   )반 (   )번 성별 : 남 (   ) 여(   )

♠ 아래 문항들은 여러분이 스스로 공부할 때 사용하는 방법을 묻고 있습니다. 평소 나의 모습과 가장 가깝다고 생각되는 곳에 V표 해 주십시오.

	전혀 그렇지 않다	대체로 그렇지 않다	보통 이다	대체로 그렇다	매우 그렇다
1. 나는 공부해야 할 중요한 내용이 있으면 쉬운 말로 바꾸어서 생각해 본다.	1	2	3	4	5
2. 나는 공부 시작 전에 무엇을 어떻게 공부할 것인지를 미리 생각해 본다.	1	2	3	4	5
3. 나는 어떤 주제에 대해 공부할 때 그 주제에 대한 생각을 징리해 본다.	1	2	3	4	5
4. 나는 중요한 내용을 공부할 때 이것을 내가 이해하기 쉬운 말로 바꾸어서 생각해본다.	1	2	3	4	5
5. 내용이 복잡할 때는 그림을 그려보면서 알기 쉽게 표현해 본다.	1	2	3	4	5
6. 공책이나 교과서를 소리내어서 외운다.	1	2	3	4	5
7. 새로운 내용을 배울 때는 예전에 배웠던 비슷한 내용과 관련지어서 생각해본다.	1	2	3	4	5
8. 공부한 내용은 내가 이해하기 쉽게 정리해 놓는다.	1	2	3	4	5
9. 나는 책을 읽다가 시간이 모자라면 중요한 부분만 찾아서 읽는다.	1	2	3	4	5
10. 나는 공부할 때 될 수 있으면 많은 내용을 기억하려고 노력한다.	1	2	3	4	5
11. 나는 학습내용을 평소에 경험하는 나의 생활과 관련지어서 공부하면 이해가 잘 된다.	1	2	3	4	5
12. 나는 공부할 때 중요한 내용을 밑줄을 긋거나 형광펜으로 표시하면서 공부한다.	1	2	3	4	5
13. 나는 새로운 내용을 배울 때는 이해하기 쉽도록 구체적인 사례를 떠 올려 본다.	1	2	3	4	5

	전혀 그렇지 않다	대체로 그렇지 않다	보통 이다	대체로 그렇다	매우 그렇다
14. 나는 무엇부터 공부할 지 순서를 정한 후에 시작한다.	1	2	3	4	5
15. 나는 공부하는 도중에 내용을 잘 이해하고 있는지 스스로 질문해 본다.	1	2	3	4	5
16. 공부를 할 때 교과서나 공책을 이해될 때까지 반복해서 읽는다.	1	2	3	4	5
17. 어떤 학습내용을 공부할 때 내가 지금까지 배워서 알고 있는 내용과 관련지어서 생각해 본다.	1	2	3	4	5
18. 나는 공부에 집중하다가도 현재 공부하고 있는 내용이 어떤 내용인지를 생각해 보곤 한다.	1	2	3	4	5
19. 공부를 할 때 될 수 있는 한 많이 외우려고 한다.	1	2	3	4	5
20 교과서나 참고서를 읽을 때는 읽고 있는 내용을 이미 알고 있는 내용과 관련지어 공부한다.	1	2	3	4	5
21 공부를 할 때 중요한 내용은 공책에 정리하면서 내용의 뜻을 생각해 본다.	1	2	3	4	5
22 나는 공부 시작 전에 공부할 분량을 미리 정해놓고 한다.	1	2	3	4	5
23 나는 공부하는 도중에 내용을 확실히 이해하고 있는지 확인해 본다.	1	2	3	4	5
24. 나는 시험공부를 하다가 시간이 모자라게 되면 중요한 부분만 찾아서 한다.	1	2	3	4	5
25. 사회공부를 할 때 삼국시대, 고려시대, 조선시대처럼 시대별로 묶어서 공부하는 것이 효과적이라고 생각한다.	1	2	3	4	5

♠ 다음은 학교 공부에 대한 여러분의 생각을 묻습니다. 나의 생각을 가장
  잘 표현한다고 생각되는 곳에 V표 해주세요.

	전혀 그렇지 않다	대체로 그렇지 않다	보통 이다	대체로 그렇다	매우 그렇다
26. 나는 새로운 지식이나 기술을 익히는 것을 중요하다고 생각한다.	1	2	3	4	5
27. 나는 우리 반의 다른 친구들 보다 공부를 더 잘 할 수 있다.	1	2	3	4	5
28. 학교공부는 나에게 중요하다.	1	2	3	4	5
29. 성적을 잘 받는 것보다 공부할 내용을 잘 익히는 것이 더 중요하다고 생각한다.	1	2	3	4	5
30. 나는 수업시간에 선생님이 가르쳐 주시는 내용을 거의 이해한다.	1	2	3	4	5
31. 나는 학교에서 배우는 내용들이 모두 중요하다고 생각한다.	1	2	3	4	5
32. 나는 내용을 그냥 외우기보다는 내용을 깊이 이해하는 것이 중요하다고 생각한다.	1	2	3	4	5
33. 나는 앞으로도 공부를 열심히 잘 할 것이다.	1	2	3	4	5
34. 공부는 나의 중요한 목표이다.	1	2	3	4	5
35. 나는 우리 반의 다른 학생들에 비해 우수한 학생이라고 생각한다.	1	2	3	4	5
36. 나는 학교생활이 내가 성장해 나가는 데 중요한 역할을 할 것이라고 생각한다.	1	2	3	4	5
37. 나는 새로운 것을 알았을 때 뿌듯함을 느낀다.	1	2	3	4	5
38. 나는 수업시간에 주어지는 문제를 모두 잘 풀 수 있다.	1	2	3	4	5
39. 나는 실수를 하더라도 무엇인가 배울 수 있는 어려운 내용을 좋아한다.	1	2	3	4	5

138

	전혀 그렇지 않다	대체로 그렇지 않다	보통 이다	대체로 그렇다	매우 그렇다
40. 나는 앞으로 좋은 성적을 올릴 수 있을 것이다.	1	2	3	4	5
41. 나는 쉬운 문제를 푸는 것보다 어려운 문제를 푸는 것이 더 재미있다.	1	2	3	4	5
42. 우리 반의 다른 친구들과 비교해 볼 때 나의 공부방법은 효과적이라고 생각한다.	1	2	3	4	5
43. 나는 학교공부가 재미있다.	1	2	3	4	5
44. 나는 우리 반의 다른 친구들과 비교해 볼 때 교과의 내용을 많이 알고 있다고 생각한다.	1	2	3	4	5
45. 나는 많은 노력을 해서라도 무엇인가를 새로이 배울 수 있는 것을 좋아한다.	1	2	3	4	5
46. 나는 앞으로 수업시간에 배우는 모든 내용을 잘 이해할 수 있을 것이다.	1	2	3	4	5
47. 학교생활이 나의 꿈을 이루는 데 많은 도움이 될 것이다.	1	2	3	4	5
48. 학교공부는 어른이 되어 직업을 선택하는 데 커다란 도움이 될 것이다.	1	2	3	4	5
49. 나는 아무리 열심히 공부를 해도 잘 하기가 어렵다	1	2	3	4	5
50. 학교에서 배우는 내용은 살아가는 데 도움이 될 것이다.	1	2	3	4	5
51. 나는 선생님의 칭찬을 많이 받는다.	1	2	3	4	5
52. 학교생활이 앞으로 어른이 되어 생활할 때 도움이 될 것이다.	1	2	3	4	5

♠ 다음은 여러분의 공부하는 행동에 관한 질문입니다. 나의 행동과 가장
가까운 번호에 V표 해 주세요

	전혀 그렇지 않다	대체로 그렇지 않다	보통 이다	대체로 그렇다	매우 그렇다
53. 나는 몇 시간 동안, 얼마나 공부할 것인지 계획을 세우고 공부를 시작한다.	1	2	3	4	5
54. 내가 잘 모르는 내용이 있으면 참고서나 다른 자료들을 찾아본다.	1	2	3	4	5
55. 나는 공부를 하고자 결심하면 곧 실천하는 편이다.	1	2	3	4	5
56. 나는 효율적으로 공부하기 위해 시간 계획을 세워 공부한다.	1	2	3	4	5
57. 내가 잘 모르는 내용이 있으면 아는 사람에게 물어본다.	1	2	3	4	5
58. 나는 마음먹은 공부가 있으면 곧장 실천하는 경우가 많다.	1	2	3	4	5
59. 나는 공부가 잘 되는 시간을 비워 놓고 그 시간에는 공부만 한다.	1	2	3	4	5
60. 나는 학교공부에 도움이 필요하면 부모님의 허락을 받아 학원에 다니거나 과외를 한다.	1	2	3	4	5
61. 나는 효과적으로 공부를 하기 위해 공부시간을 확실히 정해 둔다.	1	2	3	4	5
62. 내가 이해하지 못하는 것이 있으면 선생님께 여쭤본다.	1	2	3	4	5
63. 나는 공부가 지루하고 재미없더라도 끝까지 다 해놓고 논다.	1	2	3	4	5
64. 나는 하던 공부를 끝낼 때까지는 그 공부에 집중한다.	1	2	3	4	5
65. 나는 시험공부를 할 때 친구들로부터 시험에 대한 여러 정보를 구하려고 노력한다.	1	2	3	4	5
66. 나는 수업 중에 모르는 것이 있으면 선생님께 질문한다.	1	2	3	4	5

	전혀 그렇지 않다	대체로 그렇지 않다	보통 이다	대체로 그렇다	매우 그렇다
67. 나는 공부가 지루해도 계획한 것은 끝까지 다 한다.	1	2	3	4	5
68. 나는 시험에 나올만한 것을 잘 아는 친구가 있으면 물어보거나 같이 공부한다.	1	2	3	4	5
69. 나는 공부를 하다가 모르는 부분이 생기면 다른 사람에게 도움을 청한다.	1	2	3	4	5
70. 모르는 단어가 있으면 사전을 찾아보거나 인터넷을 검색해본다.	1	2	3	4	5
71. 나는 시험 전에 계획을 세우고 그 계획에 맞추어 공부한다.	1	2	3	4	5
72. 나는 모르는 것이 생기면 백과사전을 찾아본다.	1	2	3	4	5
73. 나는 숙제를 정해진 시간까지 다 끝내 놓고 다른 일을 한다.	1	2	3	4	5
74. 나는 공부하고 싶은 마음이 들어도 공부를 시작하는 것이 어렵다.	1	2	3	4	5
75. 나는 노는 것을 그만 두지 못해서 공부를 시작하기가 어렵다.	1	2	3	4	5
76. 나는 공부를 하려면 쓸데없는 생각 때문에 집중을 하지 못한다.	1	2	3	4	5
77. 나는 무엇부터 공부해야 할지를 결정하기가 어렵다.	1	2	3	4	5
78. 나는 친구들이 놀자고 하면 공부를 지속하기가 어렵다.	1	2	3	4	5
79. 나는 친구들이 시끄럽게 굴어도 공부에 집중할 수 있다.	1	2	3	4	5
80. 공부할 때 가족이 TV를 보면 공부를 계속하기가 어려워진다.	1	2	3	4	5
81. 나는 오락을 하면 숙제를 할 수 없다는 것을 알면서도 오락을 한다.	1	2	3	4	5
82. 숙제나 공부를 하다가 잘 모르는 내용이 있으면 컴퓨터 통신이나 인터넷을 찾아본다.	1	2	3	4	5

부록 2. 정의적 특성 검사지

♠ 다음의 문항은 자신을 어떻게 생각하는지를 알아보기 위한 것입니다.
각 문항이 "나 자신을 잘 나타내고 있는지"를 판단하여 V 표 하십시오

	전혀 그렇지 않다	대체로 그렇지 않다	보통 이다	대체로 그렇다	매우 그렇다
1. 나는 공부를 잘 할 자신이 있다.	1	2	3	4	5
2. 나는 쉽게 내 마음을 결정한다.	1	2	3	4	5
3. 나는 즐겁게 공부를 한다.	1	2	3	4	5
4. 나는 나 자신에게 자신을 가지는 편이다.	1	2	3	4	5
5. 나는 나 자신에게 만족한다.	1	2	3	4	5
6. 나는 학교생활이 즐겁다.	1	2	3	4	5
7. 나는 친구가 부러울 때가 있다.	1	2	3	4	5
8. 나는 내가 하는 일에 만족하고 있다.	1	2	3	4	5
9. 나는 나 자신을 높게 평가하고 있다.	1	2	3	4	5
10. 나는 모든 일을 잘 해나가고 있다.	1	2	3	4	5
11. 나는 아무리 어려운 공부라도 해낼 수 있다.	1	2	3	4	5
12. 나는 열심히 노력만 하면 모든 과목을 잘 할 수 있다.	1	2	3	4	5
13. 나는 학교성적에는 자신이 있다.	1	2	3	4	5
14. 나는 사는 것이 즐겁다.	1	2	3	4	5
15. 나는 내가 하는 일을 쉽게 포기하지 않는다.	1	2	3	4	5
16. 나는 지금보다 공부를 더 잘 할 수 있다.	1	2	3	4	5
17. 나는 행복한 사람인 것 같다.	1	2	3	4	5
18. 나는 머리가 좋은 편이다.	1	2	3	4	5

♠ 아래 문항은 학교생활의 느낌에 대해 서로 반대의 뜻을 가진 말로 짝지어 있습니다. "학교생활"에 대한 나의 느낌의 정도를 보기처럼 V표시해 주십시오.

〈보기 : 문항 1의 경우〉

* 나의 학교 생활이

매우 지루하다고 느껴지면	---	1
약간 지루하다고 느껴지면	---	2
지루하지도 재미있지도 않다고 느껴지면	---	3
약간 재미있다고 느껴지면	---	4
매우 재미있다고 느껴지면	---	5

* 나는 학교생활을

		1	2	3	4	5	
1	지루하다고 느낀다.	1	2	3	4	5	재미있다고 느낀다.
2	괴롭다고 느낀다.	1	2	3	4	5	즐겁다고 느낀다.
3	차갑다고 느낀다.	1	2	3	4	5	따뜻하다고 느낀다.
4	외롭다고 느낀다.	1	2	3	4	5	더불어서 함께 함을 느낀다.
5	알차지 못하다고 느낀다.	1	2	3	4	5	알차다고 느낀다.
6	절망스럽다고 느낀다.	1	2	3	4	5	희망차다고 느낀다.
7	실망스럽다고 느낀다.	1	2	3	4	5	보람있다고 느낀다.
8	불행하다고 느낀다.	1	2	3	4	5	행복하다고 느낀다.
9	기회를 주지 않는다.	1	2	3	4	5	기회를 준다고 느낀다.
10	필요없다고 느낀다.	1	2	3	4	5	소중하다고 느낀다.
11	공격적이라고 느낀다.	1	2	3	4	5	친근하다고 느낀다.

우리는 꿈을 키웁니다.

우리는 미래를 키웁니다.

부록 3. 학업성취도 검사지

<table>
<tr><td rowspan="2">⊹ 사회 ⊹</td><td>**성취도 평가(사전검사)**
6학년 1학기</td><td>학년 반 번</td></tr>
<tr><td>이름</td></tr>
</table>

1. 선사 시대 조상들의 모습으로 보기 어려운 것을 어느 것인가?
   (   )
   ① 동굴이나 움집에서 생활하였다.
   ② 만주와 한반도에서 활동하였다.
   ③ 돌이나 나무로 도구를 만들었다.
   ④ 고인돌은 지도자의 무덤으로 짐작된다.
   ⑤ 농사짓는 방법을 글과 그림으로 나타내었다.

2. 다음은 어느 시대의 생활 모습에 대한 설명인지 (   )안에 써 넣으시오.
   (   )

   > · 돌괭이 등으로 땅을 개발하고 곡식을 심었다.
   > · 반달 모양의 돌칼로 추수를 하였다.
   > · 민무늬 토기를 사용하였다.
   > · 농사 짓기에 알맞은 평야나 하천 가까운 곳에 작은 마을을 이루고 살았다.

3. 다음 중 구석기 시대의 생활 모습이 아닌 것은 어느 것인가?
   (   )
   ① 뗀석기를 주로 사용하였다.
   ② 동굴에서 생활하였다.
   ③ 돌을 갈아서 만든 간석기를 사용하였다.

④ 열매를 따거나 사냥을 하여 먹을 것을 구했다.

⑤ 불을 이용하여 음식을 익혀 먹었다.

4. 고조선은 어디를 도읍으로 정하였는지 적으시오. (   )

5. 다음 중 단군 신화의 역사적 의의라 할 수 없는 것은 어느 것인가요? (
)

① 우리의 역사가 오래 되었음을 알 수 있다.

② 우리 민족은 같은 조상의 자손임을 알 수 있다.

③ 고난의 시기마다 정신적 기둥이 되어 준다.

④ 우리 민족의 단결력을 길러 준다.

⑤ 부족 국가의 형태로 발전하게 되었다.

6. 고조선 시대의 사회 질서를 지키기 위해 만든 중국의 한서 지리지에 남
   아 있는 우리 민족 고유의 법률은 무엇인지 쓰시오.
   (   )

7. '홍익인간'의 뜻을 아는 대로 간단하게 적어 보시오.
   (   )

8. 다음은 삼국 중 어느 국가에 대한 설명인지 ( )안에 쓰시오.
   (   )

9. 고구려의 왕으로 두만강 위의 동해안, 요동지방, 한강 이남, 중국의 북만
   주 지방까지 영토를 넓힌 왕은 누구인가요?
   (   )

10. 다음 중 신라와 관련되지 않은 것은 어느 것인가요? (   )

① 불교를 장려하여 국민 단결과 왕권을 강화하였다.

② 경주 지방을 중심으로 일어났다.

③ 삼국 중 가장 늦게 발전하였으나 나중에 삼국을 통일하였다.

④ 훌륭한 지도자는 진흥왕, 무열왕, 선덕여왕, 무령왕 등이다.

⑤ 박혁거세가 시조이다.

11. 삼국 통일의 역사적 의의를 간단하게 써 보시오.
    (   )

12. 다음은 삼국의 문화적 특징에 대하여 설명한 것입니다.

   바르게 짝지어진 것은 어느 것인가요?　（　　）

> ・시조는 동명성왕인 주몽이다.
>
> ・압록강 중부 지방의 국내성을 중심으로 발달하였다.
>
> ・삼국 중 가장 일찍 국가 체제를 갖추었다.

   ① 고구려 - 섬세하고 우아함

   ② 백제 - 힘과 패기가 넘침

   ③ 신라 - 화려함

   ④ 가야 -날렵하고 힘이 넘침

13. 다음 중 발해에 대한 설명이 아닌 것은 어느 것인가요? （　　）

   ① 중국 동북 지방을 지배한 우리 나라의 마지막 왕조이다.

   ② 옛고구려 장수인 대조영이 세웠다.

   ③ '해동성국'이라고 불릴 정도로 세력이 강했다.

   ④ 발해의 지배층은 말갈족이었다.

   ⑤ 발해 문화의 기반은 당나라 문화를 흡수한 고구려문화였다.

14. 가야국을 세운 김수로왕의 후손으로 15세 때 화랑에 뽑혀 삼국 통일에

   크게 기여한 사람은 누구인가요? （　　　　　）

15. 다음 중 문화재를 관찰하는 방법 중 가장 바른 태도는 어느 것인가요?

   （　　　　　）

   ① 문화재를 대강 살펴본다.

   ② 외형뿐만 아니라 문화재에 담긴 이야기나 의미도 함께 생각하며 살

   펴본다.

   ③ 어느 시대의 유물인지는 생각할 필요가 없다.

   ④ 종합적인 관점에서 보면 이해하기 어려우므로 자기가 알기 쉬운 부

   분만 본다.

   ⑤ 눈으로 봐서 잘 모르므로 만져본다.

16. 왕건이 통일의 주역이 될 수 있었던 까닭을 예시된 것 외에 하나를
    적으시오.
    • 온건하고 덕망있는 성격
    • 민족 융합과 민생 안정 등의 시책 운영
    • (   )

17. 고려 시대의 최승로가 임금이 훌륭한 정치를 할 수 있도록 군사 제도
    의 개편, 잦은 불교 행사의 중지 등을 담은 정치 개혁안은 무엇인가
    요?
    (   )

18. 통일 신라에 비하여 고려가 발전한 점이 아닌 것은 어느 것인가요? (
)
    ① 귀족이 아닌 양인도 과거를 통해 관리가 될 수 있었다.
    ② 세금이 신라 때보다 크게 줄었고, 백성들의 생활을 보호하는 기관
       도 생겼다.
    ③ 도읍지를 옮겼다
    ④ 지방제도가 정비되었다.
    ⑤ 유학이 널리 보급되었다.

19. 고려 시대 때 거란의 3차 침입 때 소배압의 군대를 물리 친 유명한
    장수와 그 싸움의 이름을 적어 보시오.
    (,   )

20. 고려 자기의 기법 중 무늬를 파서 새기고 그 홈에 색이 다른 흙을 넣
    어 청자를 만드는 기법을 무엇이라고 하나요?
    (   )

<table>
<tr><td rowspan="2">⊹ 사회 ⊹</td><td>성취도 평가(사후검사)</td><td>학년 반 번</td></tr>
<tr><td>6학년 1학기</td><td>이름</td></tr>
</table>

※ 다음 물음을 읽고 답하여라.

1. 을사조약 체결 후 우리 나라가 한 노력이 아닌 것은 무엇인가?
---------------- (   )

① 상소 운동이 일어났다.

② 신문을 통해 부당성을 알렸다.

③ 의병 활동이 더욱 거세어졌다.

④ 상인들은 상점의 문을 닫았다.

2. 의병 활동이 더욱 활발하게 일어나게 된 두 사건을 골라라.
---------------- (,   )

① 갑신정변 ② 3·1 운동 ③ 동학 농민 운동

④ 을사조약 ⑤ 명성 황후 시해 사건

3. 일제 침략기에 민족의 힘을 기르기 위해 노력했던 사람들과 그 업적을 바르게 연결하여라.

① 주시경 •　　　　　　• ㉠ 신식 학교를 세움

② 박은식 •　　　　　　• ㉡ 한글에 관한 연구

③ 이승훈 •　　　　　　• ㉢ 우리 역사를 연구

4. 3·1 운동이 일어나게 된 배경으로 옳지 않은 것은 어느것인가?
-------------- (   )

① 민족 자결주의　　　　② 일제의 탄압

③ 2·8 독립 선언　　　　④ 독립에 대한의지 강화

⑤ 대한민국 임시 정부 수립

5. 다음 중 일제 침략기에 민족의 힘을 기르기 위해 우리 민족이 한 일이

  아닌 것은 어느 것인가?---------------- (   )

   ① 계몽 운동   ② 우리 역사 연구

   ③ 우리말 가다듬기   ④ 나라 빚 갚기 운동

   ⑤ 우리 나라 역사책 판매 금지

6. 3·1 운동의 결과 및 영향에 대해 바르게 말한 것은 어느 것인가?

   ---------------- (   )

   ① 우리 나라 독립 운동의 맥이 끊어졌다.

   ② 일제와 우리 나라 사이에 평화 협정이 체결되었다.

   ③ 일제는 우리 나라를 침략한 것을 사과하고 본국으로 돌아갔다.

   ④ 3·1 운동은 미국과 프랑스의 독립 운동에 영향을 끼쳤다.

   ⑤ 3·1 운동은 우리 나라와 같은 처지에 있었던 다른 민족에게 큰 영

    향을 끼쳤다.

7. 을사조약의 주된 내용은 무엇인가? -------------- (   )

   ① 우리 나라를 개항한다.   ② 중국의 세력을 몰아낸다.

   ③ 우리의 외교권을 박탈한다.   ④ 일본과 외교관계를 끊는다.

8. 우리말과 글을 지키기 위해 주시경 선생이 만든 단체는 무엇인가? (

)

9. 일제에 의한 국권 침탈 과정이 순서대로 바르게 나열된 것은 어느 것인

  가?------ (   )

   ㉠ 고종 황제 퇴위 ㉡ 러·일 전쟁 ㉢ 국권 상실

   ㉣ 청·일 전쟁   ㉤ 을사조약

   ① ㉣-㉠-㉤-㉡-㉢   ② ㉣-㉡-㉤-㉠-㉢

   ③ ㉣-㉤-㉡-㉠-㉢   ④ ㉤-㉠-㉣-㉡-㉢

   ⑤ ㉤-㉣-㉠-㉡-㉢

10. 아우내 장터에서 만세 운동을 벌이다 체포되어 순국한 여성 애국지사는 누구인가? (   )

11. [   ] 안에 들어 갈 알맞은 말을 차례대로 써라.

> 1919년 3·1 운동이 일어난 후 나라 안팎이 독립운동을 하나로 모아 방향을 제시할 필요성을 느낀 민족 지도자들은 중국 [   ]에 [   ]를 세웠다

(.   )

12. 김좌진 장군이 이끄는 독립군 부대가 1920년 일본군을 크게 물리친 사건은 무엇인가?
(   )

13. 1948년 5월 10일 남한만의 총선거를 실시하여 구성된 것은 무엇인가?-------- (   )

① 정부   ② 국회   ③ 사법부
④ 행정부   ⑤ 대통령

14. 우리 나라의 초대 대통령은 누구인지 써라.
(   )

15. 다음 사건들의 공통점은 무엇인가?--------------(   )

> ◦ 4·19 혁명   ◦ 5·18 민주화 운동   ◦ 6월 민주 항쟁

① 군사 독재에 항거한 민주 운동이다.
② 민주적인 새로운 정부가 수립되었다.
③ 민주주의를 발전시키는 데 크게 이바지하였다.
④ 계엄령이 선포되고 군이 정권을 장악하였다.
⑤ 대통령을 직선제를 골자로 하는 헌법 개정안이 마련되었다.

16. 4·19 혁명이 일어난 가장 큰 원인은 무엇인가?-------(   )

    ① 경제 재건과 개발을 위하여

    ② 남북 통일을 앞당기기 위하여

    ③ 고위 관리들의 부정 부패 때문에

    ④ 군사 쿠데타 세력을 몰아내기 위해

    ⑤ 부정선거와 대통령의 장기독재 때문

17. 1990년대 말에 있었던 경제 위기의 원인이 아닌 것은 어느 것인

    가?------------- (   )

    ① 다른 나라에 닥친 외환 위기의 영향

    ② 전국적인 금모으기 운동의 전개

    ③ 미리 준비하지 못한 정부 경제정책

    ④ 우리 사회에 퍼져있던 과소비분위기

    ⑤ 기업의 무질서한 확장 경영

18. 갑오개혁으로 인해 달라진 생활 모습을 모두 고르시오

    ------------------ (   )

    ① 양반과 평민의 계급제도가 없어졌다.

    ② 죄인에 대한 고문을 강화하였다.

    ③ 상투를 기르게 되었다.

    ④ 과거 공부를 열심히 하였다.

    ⑤ 세금을 화폐로 내게 되었다.

19. 개화기의 통신 모습에 대한 설명과 거리가 먼 것은 어느 것인가

    요?------------- (   )

    ① 외국과 우편물을 교환하기도 하였다.

    ② 일반 백성들도 편지를 전할 수 있게 되었다.

    ③ 소식 전하는 일이 편리하게 되었다.

    ④ 집배원이라는 새로운 직업도 생겼다.

    ⑤ 전보치는 일은 천민이 맡았다.

20. 다음 중 국내외에서 했던 독립 운동과 거리가 먼 것은 어느 것인가
    요?------------ (   )
    ① 신간회 창립
    ② 물산 장려 운동
    ③ 조선어 학회 활동
    ④ 문맹 퇴치 운동
    ⑤ 신사 참배

부록 4. 동기설계 수업안

1-2/ 6차시

1단계 : 수업 정보획득

1. 수업의 제목 : 단원 2-2. 외세의 침략과 우리 민족의 대응
　　　　　　　　소단원 1. 척화비를 세운 까닭

2. 수업에 대한 설명
　1) 수업의 목적은 무엇인가?
　　(1) 흥선대원군의 생애와 업적을 조사해 보고, 그의 개혁정책을 설명할 수 있다.
　　(2) 병인양요와 신미양요가 일어난 원인과 경과를 조사해 보고, 척화비를 세운 까닭을 설명할 수 있다.
　2) 수업내용에 대한 간단한 기술 제시하기
　이 제재에서는 흥선대원군이라는 역사적 인물을 통해 조선 후기의 사회·정치적 상황과 갈등을 이해하는 데에 중점을 두었다.

　이 제재의 수업 시에는 흥선대원군이 한 일을 나열식으로 학습하기보다는 흥선대원군의 정책을 통해 당시 사회 상황을 이해하고, 역사적 판단을 위해 진지한 고민을 해 보도록 학생들을 이끌어야 할 것이다.

　이 제재에서 활용될 수 있는 수업방법으로는 조사학습, 현장학습, 토의학습, 역할극 학습, 마인드 맵 학습이 있는데, 우선적으로 흥선대원군에 대한 전기집을 읽고 독후감을 써 보거나 대본을 쓰게 하는 활동을 하도록 한다

　이 제재의 평가는 사건의 이름이나 연도의 암기보다는 역사적 사건의 인

과관계 파악능력, 당시의 상황을 현재의 상황과 비교할 수 있는 능력, 다양한 자료의 수집 및 정리할 수 있는 능력을 평가한다.

　3) 이 수업을 올해에 한 번 이상 가르칠 것인가?

　이 수업은 올해 한번 가르칠 것이다. 그러나 1학기말과 학년말에 다시 반복하여 보충학습 하는 시간을 가짐으로써 학습자들의 파지능력을 길러줄 것이다.

　4) 이 수업을 수정, 또는 설계하는 데 얼마만큼의 시간이 걸릴 것인가?

　일주일의 시간이 걸릴 것이다.

3. 수업의 정당화

　1) 이 수업에 부합되는 교육과정 요구나 요건은 무엇인가?

　사회변화와 미래 세계의 준비 그리고 현대사회의 문제 해결에 필요한 다양한 관점과 사실, 지식 및 사회적 기능과 국가 및 사회 발전의 지표가 될 수 있는 영역, 이른바 국가 및 사회적 요구 사항을 반영하였다.

　2) 학습자에게 유익한 점은 무엇인가?

　이 수업을 마치고 나면, 학습자들은 흥선대원군의 개혁정치, 외세침략에 대한 대응, 척화비를 건립한 까닭을 알게 될 것이다. 그래서 사회변화와 미래세계의 준비하고 현대사회의 문제해결에 필요한 다양한 관점을 갖는데 도움이 될 것이다.

4. 맥　락

　1) 이 수업이 과거 또는 미래 다른 수업과 어떤 관련이 있는가?

　우리 나라가 근대화 사회로 접어드는 과정을 다룬 '6학년 1학기 단원 2-1. 새로운 사회로의 움직임'에서 나라의 살림을 키우고 잘못된 제도를 고치려고 한 실학자들의 노력과 조선 후기 경제, 사회, 문화의 변화를 당시 상황을 극복하고 개선하려는 사람들의 개선의지와 동기와 관련이 있다. 또한 '6학년 1학기 단원 3-2. 나라를 되찾기 위한 노력'에서 우리 조상들이 일본에 대항하여 무력 투쟁과 아울러 애국 계몽운동과 민족 문화 수호 운동을 전개한 내용과 관련이 있다.

2) 어떤 전달체제가 사용되는가?

조사학습, 소집단학습, 역할극 학습, 마인드 맵 학습 등을 사용할 것이다.

5. 교사정보

1) 이 수업에 대해 어느 정도 전문성을 갖고 있는가?

초등교육을 전공하고, 22년의 교육경력 중에 6학년을 9번 담임하면서 사회과의 역사부문을 지도하였으며, 사회교과연구회 활동을 꾸준히 하였다.

2) 어떤 종류의 전략들을 익숙하고 편안하게 사용할 수 있는가?

조사발표, 토의, 전문가학습, 역할극, 마인드 맵, 신문기사내용 도입, 멀티미디어자료를 활용한 주의집중 및 흥미유발을 하고 있다.

3) 익숙하지 않거나 싫어하는 전략에는 어떤 것들이 있는가?

현장학습이나 참관학습은 매우 필요하지만, 시간확보나 물리적 여건, 안전문제 등으로 인한 사전결재의 어려움이 있어서 1년에 한 두 번 이루어지는 현장 체험학습 시 대표적인 장소에 다녀올 뿐이다. 그러므로 꼭 필요한 현장학습 장소는 학교 홈페이지나 매주 발송하는 주간학습 계획안에 미리 안내하여 부모님과 함께 주말을 이용하여 다녀와서 체험학습보고서를 작성하도록 하고 있다. 그로 인한 수업 불참은 결석처리를 안 하도록 되어 있다.

2단계 : 학습자 정보획득

1. 이 수업에 참여하는 학습자들은 서로 간에 어느 정도 알고 있는 사이일까? 그들은 동질적인 집단일까 아니면 몇몇 특정 소집단을 형성하고 있을까?

이 수업에 참여하는 학습자는 총 40명으로, 중산마을이라는 다섯 단지의 작은 학구에 살고 있고 대부분 6년 동안 같은 학급 또는 옆 학급 학생으로 생활하여 왔으며 학기초부터 3개월 동안 같은 반에 소속되어 생활해 왔기 때문에 각자의 성격은 다소 다르지만 서로 매우 친숙하다. 또한 학습자들은 부모님의 사회경제적인 지위, 학교에 대한 태도, 미래에 대한 가치 등의 측면에서 동질적이라고 할 수 있다. 그러나 사회과에 대한 개인적인 흥미와 이해 능력, 역사적 사건을 이해할 수 있는 사전 독서량의 차이 등이 있기 때문에 조사, 토의학습을 위한 모둠편성은 학생들의 의견수렴과 교사의 관찰과 학습활동 자료를 바탕으로 6명을 한 조로 흥미와 학습 수준이 다른 학습자가 한 모둠에 골고루 편성되도록 하였다.

2. 학교에 대한 학습자들의 전반적인 태도는 무엇인가?

학습활동 전반에 걸친 수행평가 실시로 인해 학교 학습에 대한 긴장감이 약간은 조성되어 있고, 우수한 학습결과를 보이는 학생들의 일부는 방학기간을 통해 이미 다음 학년의 선행학습으로 전체적인 학습 내용을 알고 있기 때문에 학습내용에 대한 자신감이 있다. 그렇지 않은 학생들도 사회교과 학습은 이해뿐만 아니라 암기와 관련된 참고자료 조사, 인터넷 검색 등이 필요하다는 것을 알고 있다. 그래서 사회교과를 학습하는 것이 어렵다고 생각하는 학생들이 28명이나 된다.

3. 수업내용에 대한 학습자들의 태도가 무엇이라고 생각하는가? 이 수업 내용은 선택적인가 필수적인가? 학습자들의 수업이 유용성에 대해 어떻게 생각할까? 수업이 학습자들에게 쉽고 재미있을까, 아니면 어렵고 지루할까?

사회교과 수업내용에 대해서 어렵다고 생각한다. 그 이유는 한 차시의 학습목표에 도달하기 위해서는 그 시간의 내용에만 열심히 한다고 이해가 되는 것이 아니라 그와 관련한 역사적인 사실이나 참고자료 및 책 등을 알고 있거나 읽은 학생들은 보다 흥미를 느끼고 적극적인 학습활동이 이루어

지지만, 그러한 기초가 다져 있지 아니한 학생들은 난해하고 전체적인 흐름을 잡는 일에 어려움을 느끼기 때문에 흥미를 잃게 되고 재미가 없고 지루하게 생각되는 것이다. 이 수업은 학생들의 역사인식이나 가치관 형성에 필수적인 학습내용이다.

4. 학습자들이 어떤 교수전략에 익숙해 있는가? 학습자들이 선호하는 교수 전략이 무엇이라고 생각하는가?

저학년에서부터 많이 접해온 전통적인 학습방법인 획일적인 일제 학습, 대집단 학습, 강의·설명 교수전략에 익숙하지만 학생들이 선호하는 교수 전략은 보고, 듣고 움직이는 보다 구체성을 띠는 ICT활용학습, 자신의 의지에 의한 조사·발표학습, 보상과 강화가 일관성 있게 제공되는 모둠협력 학습, 소집단학습, 토의학습, 충분히 준비된 역할극학습, 실감나는 사례학습 등이다.

3단계 : 학습자 동기분석

1. 이 동기분석이 학습자 전체에 대한 것인가, 아니면 소집단에 대한 것인가?

이 동기분석은 학습자 전체에 대한 것이다. 그러나 역사관련 사회과 수업에 흥미를 느끼는 학생, 보통의 흥미를 느끼는 학생, 흥미가 낮은 학생을 고려하여 동기분석을 실시할 것이다.

2. 1단계 2단계에서 얻은 정보를 근거해 볼 때, 다음의 각 조건에서 대상자들을 어떻게 특징지을 수 있을까?

주의집중 준비도: 대부분 적당하지만, 3명이 낮음.

37명 학습자들이 수업초기에는 상당히 주의집중을 하고 있다. 수업이 진행되는 동안 학습자의 주의집중이 떨어지지 않고 계속적으로 유지하기 위하여 다양한 교수전략을 사용해야 한다. 3명의 학생은 수업이 진행동안에 교사의 교수전략이 계속 제공되어야 주의집중이 유지된다. 전체적으로는 주의집중 상태가 적절하다.

지각된 관련성: 대부분 적당하고, 2명만이 낮음.

38명 학습자가 역사적 의식, 역사적 사건을 기초로 하는 수업내용에 대해 관련성을 가지고 있다. 특히 TV드라마 '명성황후'의 영향으로 어려운 시대에 살고 있는 현대인들에게 필요한 것이 우리 역사 인식에 기초로 한 미래의 비젼 설계임을 알고 있다.

지각된 자신감: 14명은 높고, 12명은 낮고, 14명은 적절함.

학습자들의 자신감은 개인별로 차이가 난다. 높은 자신감을 가진 14명의 학습자들은 학습을 주도하여 이끌어 나갈 것이고, 적절한 자신감을 가진 14명의 학습자들은 그들의 참여여하에 따라 충분히 학습목표를 달성할 수 있다. 12명의 낮은 자신감을 가진 학습자들은 알고 있는 내용이나 사항들을 다른 사람 앞에서 말하거나 모둠활동에서 적극적으로 참여하는 학습태도에 대한 자신감이 부족한 측면이 강하고, 특히 역사적인 사건이나 내용들에 대한 이해가 부족하기 때문이다.

만족감 예상: 26명은 적당하고, 14명은 낮음.

평소 꾸준히 노력하고, 다른 학습활동에 열심히 참여하는 학습자 26명은 적절한 만족감을 예상한다. 사회교과에 대한 개인적인 자신감이 낮은 14명의 학습자들은 만족감 예상 또한 낮게 나타난다.

3. 그려진 그래프를 활용하여 동기분석결과를 종합해 본다.

대상자 분석

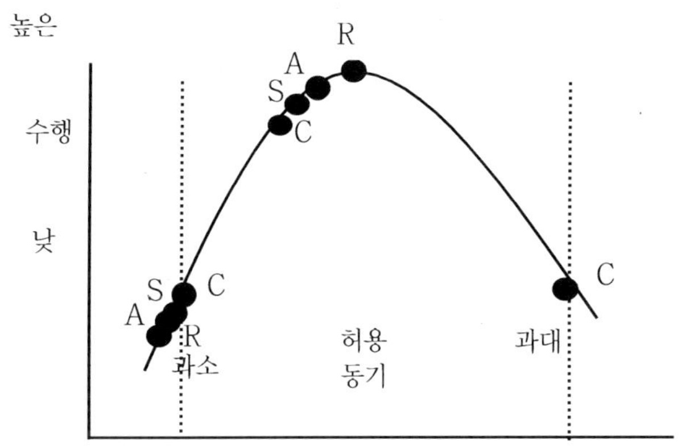

4. 주요문제와 부수적인 문제를 어떻게 특징지을 수 있을까?

학습자들의 동기설계에 있어서 주요문제는 12명이 낮게 지각한 자신감과 14명이 낮게 지각한 만족감예상이다. 12명이 낮게 지각한 자신감은 선수능력의 부족과 역사적 내용과 관련된 독서의 부족으로 흥미가 부족하여 긍정적 기대감을 갖지 못하기 때문이다. 14명이 낮게 나타난 만족감 예상은 낮은 자신감으로 학습활동에 적극적으로 참여하지 않기 때문이다.

학습자들의 동기설계에 있어서 부수적인 문제는 적절한 주의집중을 준비한 37명 학습자를 수업이 진행되는 동안에 떨어지지 않게 하는 것과 3명의 낮은 주의집중 학습자들을 적절한 주의집중으로 높이는 것이다. 또한 높은 자신감과 적절한 자신감을 나타내는 28명의 학습자들의 자신감을 유지하도록 하는 것과 낮은 자신감을 나타내는 12명의 학습자들에게는 그들에게 적절한 수준별 학습과제 제시가 안되고 있다. 만족감을 예상하지 못하는 14명 학습자들에게 성공감을 맛볼 수 있는 학습과제 제시가 안되고 있고, 학습향상에 대한 긍정적 피드백이나 외재적 보상이 제공되지 않고 있다.

5. 주요원인이 수정 가능할까? 그렇지 않다면, 전반적인 동기향상에 어떤 다른 조건들이 영향을 미칠 수 있을까?

주요원인인 낮은 자신감과 만족감예상은 수정 가능하다. 학습자들이 지각하는 자신감의 부족과 만족감예상부족은 교사가 몇 가지 동기전략을 사용함으로써 향상시킬 수 있다. 자신감의 경우에는 교사가 학습자들의 개인적인 능력 수준에 따라 도달할 학습목표를 다르게 제시하거나 수업 중간에 학습자들의 수행에 대한 긍정적인 피드백이나 외재적 보상을 제공해주면 자신감을 향상할 수 있을 것이다. 만족감예상은 학습자들이 학업성취도에 도달할 수 있도록 그들의 수준에 알맞은 자료와 힌트를 제공하여 주고, 교사의 적극적인 관심과 도움으로 성공의 기회를 맛보게 하여 만족감의 예상을 높여 줄 수 있을 것이다.

6. 대상자 동기분석에서 그밖에 고려해야할 사항이 있을까?

구한말 역사적 사건을 배경으로 한 '대원군, 명성왕후, 역사스페셜' 등과 같은 재미있는 영상물을 수업의 흐름에 알맞게 제시하여 학습자들의 흥미와 동기를 유지할 수 있도록 한다. 특히 현대를 이해하고 미래를 예측하여 준비하기 위해서는 역사적인 사건이나 내용의 학습을 통한 비판과 판단, 그리고 반성활동이 매우 필요함을 인식하여 적절한 관련성을 유지시키는 것이다.

4단계 기존 교재분석

1. 주의집중 유발 및 유지 특성
   1) 긍정적 특성
      (1) 수업이 시작될 때 학습목표 제시되어 있다.
      (2) 여러 가지 비석그림을 제시하여 도입하여 학습자의 흥미를 유발하였다.

2) 부정적 특성

　(1) 판서제시에서 핵심 낱말에 강조하는 글씨체나 색깔이 없다.

　(2) 흥선대원군의 생애와 개혁정책을 짧은 시간 안에 주의집중 할 수 있는 자료제시가 부족하다.

　(3) 흥미를 계속 유지할 수 있는 전략 실행이 부족하다.

2. 관련성 유발 및 유지 특성

1) 긍정적 특성

　(1) 수업내용의 중요성이 잘 제시되어있다.

　(2) 실생활에서의 관련성이 잘 제시되어 있다.

2) 부정적 특성

　(1) 수업내용의 중요성과 실생활에서의 관련성이 잘 제시되어 있지만 관련성을 유지하기 위한 전략이 부족하다.

　(2) 수업의 목표를 성공적으로 도달한 구체적인 사례가 부족하다.

3. 자신감 유발 및 유지 특성

1) 긍정적 특성

　(1) 사전학습과제 해결을 통하여 학습내용을 조사하도록 한 활동은 자신감을 유발하였다.

2) 부정적 특성

　(1) 자신감을 유지하기 위한 전략계획과 실행이 부족하다.

　(2) 학습자들의 수준에 따른 적절한 도전 수준을 제공하지 못하고 있다.

　(3) 학습자들의 노력여하에 따라 학습목표에 노달할 수 있디는 격려와 강화를 전혀 하지 않는다.

　(4) 자신감을 높게 지각하고 있는 14명의 학습자들과 낮게 지각하고 있는 12명의 학습자들 각각에 대한 적합한 동기유발 전략이 따로 제시되어 있지 않다.

4. 만족감 유발 및 유지 특성

1) 긍정적 특성

(1) 정리단계에서 학습목표 도달에 관련된 형성평가 문항으로 제시되었다.

2) 부정적 특성

(1) 과정에 도달한 동료나 교사에게 도움을 구할 수 있는 기회를 제공하지 않았다.

(2) 학습자가 학습목표 달성에 대한 긍정적인 감정을 갖도록 하기 위한 긍정적인 말이 제공되어 있지 않다.

(3) 학습자들의 학습문제 해결 결과에 대한 외재적인 보상이 전혀 없다.

(4) 학습자들의 정확한 반응에 대한 피드백이나 코멘트들이 일관성이 결여되어있다.

5. 일반적 코멘트

이 수업에 참여하는 학습자들의 가장 큰 문제점은 자신감이 부족하다는 것과 만족감예상에서 낮은 지각을 보이는 것이므로 이 부분에 대하여 특별한 관심과 주의가 필요하다.

5단계 동기목표 설정 및 측정방법 열거

1. 주의집중

▶ 동기목표 1 : 수업초기부터 주의집중을 잘 하지 않는 학습자들에 대한 교사의 적극적인 관심 표현을 통해 주의집중을 유도한다.

▷ 측정방법들 :

1) 교사는 학습자들이 문제를 해결하기 위한 친구들과의 토론 자세를 관찰한다.

2) 교사는 학습자들이 학습문제 해결을 위한 적극적인 참여자세를

관찰한다.

3) 교사는 학습자들의 표정을 관찰한다.

▶ 동기목표 2 : 수업초기에 주의집중을 보인 37명의 학습자들과 수업
초기에 주의집중을 유발했던 3명의 학습자들에 대한 수업진행동안의
활발한 토론활동을 통하여 주의집중을 유지하도록 한다.

▷ 측정방법들 :

1) 교사는 학습자들의 얼굴표정을 관찰한다.

2) 교사는 수업을 진행하면서 주의집중을 유발하는 교사의 발문에
학습자들이 답을 찾기 위하여 전념하는 자세를 관찰한다.

3) 수업이 끝난 후에 교사는 학습자들에게 주의집중에 관한 자기 보
고서를 작성하도록 한다.

2. 관련성

▶ 동기목표 1 : 전체 학습자들은 수업이 진행되는 동안에 흥선대원군
의 개혁정책, 척화비를 세운 까닭 등을 학습하는 것이 현대를 살아
가고 미래를 준비해야 하는 학습자들의 판단과 사고발달에 매우 필
요하다는 것을 나타낸다.

▷ 측정방법들 :

1) 교사는 학습자들이 이번 수업의 성공이 미래 목적달성과 어떤 관
련이 있는지에 대해 말하는 것을 관찰한다.

2) 교사는 학습자들이 이 수업을 마친 후에 얻을 수 있는 학습효과
가 무엇인지를 기술하도록 한다.

▶ 동기목표 2 : 전체 학습자들은 수업이 진행되는 동안에 그들의 개별
적인 학습목표를 설정함으로써 관련성이 유지되고 있음을 나타낸다.

▷ 측정방법들 :

1) 교사는 학습자들이 개별적인 학습목표를 설정하여 발표하거나 기
록하는 것을 관찰한다.

2) 교사는 흥선대원군의 개혁정책과 척화비를 세운 까닭을 알기 위

한 소집단 모둠활동에서 학습자들이 적극적으로 참여하는 것을 관찰한다.

3) 교사는 학습자들이 학습목표를 달성했을 때 그들의 감정표현을 나타내는 것을 관찰한다.

3. 자신감

▶ 동기목표 1 : 자신감이 지나치게 낮은 12명의 학습자들은 수업시작 5분 후 그들의 개인적인 학습목표 도달의 가능성에 대해 긍정적인 기대감을 열거함으로써 자신감을 나타낸다.

▷ 측정방법들 :

1) 교사는 학습자들이 그들의 부족한 점을 정확하게 파악하여 보온하고 개선하기 위해 교사와 능력이 우수한 동료친구에게 도움을 구하는 것을 관찰한다.

2) 교사는 학습문제 해결 결과를 발표할 때 망설이지 않고 적극적으로 발표하는 행동을 관찰한다.

3) 교사는 학습자들의 자신감의 표정과 교사의 반응에 대한 즉각적인 피드백을 관찰한다.

▶ 동기목표 2 : 자신감이 높은 14명의 학습자들은 수업시작 10분 후에 문제해결을 위한 소집단 모둠활동을 통한 적절한 자신감을 표현하도록 한다.

▷ 측정방법들 :

1) 교사는 학습자들이 쉬운 과제를 해결할 때, 진지한 자세로 문제를 해결하려는 행동을 관찰한다.

2) 교사는 소집단 모둠활동을 통해 학습문제를 해결하는 동안에 잘 모르는 학습자들에게 도움을 주는 행동을 관찰한다.

▶ 동기목표 3 : 수업시작 전부터 적절한 자신감을 갖고 있던 14명의 학습자들과 수업 초기에 적절한 자신감을 유발한 12명의 학습자들은 수업이 진행되는 동안 간단한 자기보고를 통해 자신감을 유지하고

있음을 나타낸다.

▷ 측정방법들 :

1) 교사는 학습자들이 그들의 학습속도에 맞추어 학습을 진행하는 것을 관찰한다.

2) 교사는 학습자들이 그들의 노력에 의해 학습목표를 성취했다고 말하는 것을 관찰한다.

3) 교사는 학습자들에게 자신감에 관한 검사지나 자기보고서를 작성하도록 한다.

4. 만족감

▶ 동기목표 1 : 만족감을 낮게 지각하는 14명의 학습자들에게는 수업 시작 20분 후 대원군의 개혁정책을 간단히 말해 보게 함으로써 만족감을 나타내도록 한다.

▷ 측정방법들 :

1) 교사는 학습자들이 그들의 학습목표 도달에 대한 교사의 칭찬이나 인정에 대해 긍정적인 말이나 행동을 하는 것을 관찰한다.

2) 교사는 학습자들이 그들이 학습목표 달성 후 교사의 개인적인 관심을 받는 것에 기뻐하는 것을 관찰한다.

3) 교사는 학습자들이 이 수업내용을 다른 학습자들에게 권하는 것을 관찰한다.

▶ 동기목표 2 : 만족감을 적절하게 지각하는 26명의 학습자들이 수업 시작 30분 후 간단한 자기보고를 통해 만족감이 유지되었음을 나타낸다.

▷ 측정방법들 :

1) 교사는 학습자들이 이 수업에서 어느 정도 학습목표에 도달했는지에 대해 긍정적으로 말하는 것을 관찰한다.

2) 교사는 학습자들이 이 수업에서 학습한 지식과 기능들을 그들의 다양한 과제에 적용하는 것에 대해 긍정적으로 말하는 것을 관찰한다.

6단계 예비전략 열거

▶ 수업초기

1. 주의집중
   *적절한 주의집중을 갖고 있는 37명의 학습자들의 주의집중 유지전략
   1) 교사는 소리를 담은 파워포인트로 학습목표를 학습자들에게 제시한
      다.
   2) 교사는 실생활에서 역사적인 사건이나 배경을 기초로 하여 판단할
      수 있는 몇 가지 사례를 소개한다.
   3) 교사는 학습자들에게 수업내용의 소개와 탐구적인 질문을 할 때, 재
      미있는 얼굴표정과 호기심에 찬 목소리로 한다.
   4) 모둠별로 토의를 통하여 학습하도록 하고 토의가 끝나면 내용을 정
      리하도록 기회를 준다고 안내한다.
   5) 교사는 학습자들에게 역사적인 사실을 구체적으로 흥미 있게 제시하
      기 위해 ICT자료를 활용한다.
   * 주의집중이 낮은 3명의 학습자들의 주의집중 유발전략
   1) 교사는 수업에 적극적인 관심을 보이지 않는 학습자들에게 친근한
      목소리로 이름을 부르면서 수업에 집중하라고 말하면서 개인적인
      관심을 갖고 있음을 나타낸다.
   2) 주의집중이 잘 되는 다른 학습자들과 골고루 모둠에 배치하여 학습
      활동에 참여 하도록 한다.

2. 관련성
   * 적절한 관련성을 갖고 있는 38명의 학습자들의 관련성 유지전략
   1) 교사는 국민정부의 교육개혁, 정치개혁 등에 관련된 신문기사나 뉴
      우스 녹화자료를 제시한다.
   2) 교사는 흥선대원군의 개혁정책을 학습하는 것의 중요성을 설명한다.

3) 교사는 학습자들에게 실생활에서 역사를 바탕으로 하여 현재의 문제를 판단할 수 있고, 미래를 예측할 수 있음을 설명하고, 100년 전의 상황과 오늘날의 비슷한 면을 생각해 보게 한다.

4) 교사는 학습자들의 사전지식에 따라 개별적인 학습목표를 설정해 보라고 한다.

5) 교사는 학습자들에게 학습목표 도달을 위해 모둠 토론활동을 통하여 다른 학습자들의 도움을 받을 수 있음을 알려준다.

6) 교사는 역사책, ICT자료, 인터넷싸이트 등 다양한 자료를 제시한다.

7) 교사는 이 수업을 마치고 나면 학습자들이 무엇에 대해 알 수 있고, 무엇을 할 수 있는지를 알려준다.

8) 교사는 학습자들에게 이 수업의 성공이 6학년의 사회과 교육과정과 어떤 관련이 있는지에 대해 알려준다.

3. 자신감

* 적절한 자신감을 가지고 있는 14명의 학습자들의 자신감 유지전략

1) 교사는 학습자들이 역사적 사건을 탐색하는 문제에 자신감을 갖고 있는지에 대해 계속적으로 학습자의 반응을 분석한다.

2) 교사는 학습자들에게 성공적인 학습목표를 판단할 수 있는 객관적인 준거들을 알려준다.

* 자신감이 낮은 12명의 학습자들의 자신감 유발전략

1) 학습자들이 학습목표와 문제해결 방법을 정확하게 알고 있지 못한다면, 교사는 그들에게 우선적으로 학습문제 해결을 위한 개별적인 학습목표를 세울 수 있는 기회를 제공한다.

2) 교사는 학습자들에게 수업시간에 다루는 문제늘이 실코 이럽지 않다는 것을 친근한 목소리로 반복해서 말해 준다.

3) 교사는 학습자들이 대원군의 개혁정책이나 척화비에 대해서 잘못 이해하고 있으면 즉각적으로 교정적 피드백을 해 준다.

* 높은 자신감을 가지고 있는 14명의 학습자들의 적절한 자신감 유발전략

1) 교사는 그들이 현재 가지고 있는 역사적 사건에 관련된 선수지식으로 대원군의 개혁정책, 신미양요, 병인양요의 원인과 경과, 척화비를 세운 까닭에 대한 문제를 해결하는 수준이면 충분하다는 것을 친근한 목소리로 말해 준다.

2) 교사는 그들에게는 발표할 TP자료, 실물화상기에 제시할 그림자료 찾기와 같은 보다 심화된 학습결과물을 작성하는 학습목표를 요구한다.

4. 만족감

   * 적절한 만족감을 가지고 있는 26명의 학습자들의 만족감 유지전략

1) 교사는 학습자들에게 주어진 과제를 성공적으로 해결했을 때, 그에 따른 내재적 강화(학습자의 내재적 자존심에 관한 언어적 강화)나 외재적 강화(칭찬, 스티커 제공)가 있음을 알려준다.

2) 교사는 이 수업내용이 다른 교과 영역에 적용될 수 있다는 사실을 학습자들에게 알려준다.

   * 만족감이 낮은 14명의 학습자들의 만족감 유발전략

1) 교사는 긍정적이고 열정적인 말로 학습자들이 성공적으로 학습목표를 달성할 수 있다고 말한다.

2) 교사는 학습자들이 학습문제를 해결하기 위해 노력할 때, 그러한 행동에 대해 긍정적인 말이나 행동을 제공한다.

3) 교사는 학습자들에게 그들이 성공과 노력에 따라 그에 상응하는 보상이 주어질 것이라고 말한다.

4) 교사는 학습자들에게 학습문제를 해결하는 데 있어서 필요하다면, 모둠활동을 통하여 다른 학습자들이 도움을 받을 수 있음을 알려준다.

▶ 수업중반

1. 주의집중
　　1) 교사는 다양한 방법으로 학습자들에게 수업내용을 제시한다. 교사는 전체적으로 질문을 하거나 문제해결에 있어서 브레인스토밍을 하거나 마인드맵 활동을 할 수 있다.
　　2) 교사는 다양한 목소리로 학습자들에게 수업내용을 제시한다. 새로운 소단원으로 넘어갈 때 호기심에 찬 목소리로 하고, 중요한 부분을 설명할 때에는 진지하게 하며, 학습자들의 반응에 대해 피드백을 제공할 때에는 부드럽게 한다.
　　3) 교사의 위치를 다양하게 한다.
　　4) 교사는 끊임없이 학습자들과 시선을 교류하고, 학습자들의 얼굴표정을 살핀다.
　　5) 교사는 칠판이나 프로젝션TV에 다양한 방법으로 수업내용을 제시한다.
　　6) 교사는 학습자들이 학습문제 해결에 대해 적극적으로 질문하도록 기회를 제공한다.

2. 관련성
　　1) 교사는 게임방법을 활용하여 학습자들에게 실생활에서 역사적 사실들이 판단의 기초로 활용될 수 있는 사례를 찾아보고 생각해 보라고 제시한다.
　　2) 교사는 몇 개의 모둠으로 편성하여 학습문제를 해결해 나가는 과정에서 다른 학습자들과 선의의 경쟁을 하도록 한다.
　　3) 교사는 학습자들이 한 개인으로서 말하고 있다는 것을 느낄 수 있도록 개별적인 언어를 사용한다.
　　4) 교사는 학습자들이 성취와 성공의 과정, 그와 관련된 감정들을 시각화하도록 격려한다.

3. 자신감

1) 교사는 관련된 학습문제를 제시할 때 학습자들의 개인적인 능력에 따라 점차적으로 어려운 과제를 제시한다.

2) 교사는 학습자들에게 실생활과 관련지어 역사적 사건을 제시할 때 학습목표와 수업내용에 일치하도록 한다.

3) 교사는 학습자들이 자신의 학습수준에 맞추어 학습할 수 있도록 한다.

4) 교사는 학습자들이 그들의 능력에 대해 부정적으로 말할 때, 보다 해결하기 쉬운 과제를 제시하거나, 학습목표를 설정하도록 도와준다.

5) 교사는 학습자들에게 이 수업내용에 대한 그들의 자신감의 정도를 토의해 보라고 한다.

6) 교사는 학습자들에게 그들의 만족스러운 반응에 대해 일관성 있는 피드백을 제공한다.

4. 만족감

1) 교사는 학습자들이 어려운 과제를 달성할 때 학습자들의 내재적 자존심에 긍정적인 영향을 주는 칭찬을 제공한다.

2) 교사는 과제에 숙달된 학습자가 과제에 숙달되지 않은 학습자들을 도와주도록 기회를 제공한다.

3) 교사는 학습자들에게 흥미와 관련된 다른 영역에 대한 정보를 제공한다.

4) 교사는 학습자들이 성공적인 과제 수행을 하도록 위협하거나 스트레스를 주지 않는다.

5) 교사는 학습자들의 과제수행에 대해서 일관성 있는 피드백을 제공한다.

▶ 수업마무리

1. 주의집중
   1) 교사는 이 수업내용의 전체적인 정리, 요약을 할 때, 다양한 수업방법으로 한다. 교사는 학습자들에게 몇 개의 핵심적인 질문을 할 수도 있고, 한사람씩 다른 학습자들에게 간략하게 정리하여 설명하거나 발표할 수도 있다.
   2) 교사는 다양한 목소리로 학습자들에게 수업내용을 정리한다. 교사는 수업내용을 정리, 요약할 때 진지하게 하고, 새로운 학습 단원을 소개할 때는 호기심에 찬 목소리로 하며, 학습자들의 질문에 대해 피드백을 제공할 때에는 부드럽게 한다.
   3) 교사는 끊임없이 학습자들과 시선을 교류하며, 수업을 마칠 때까지 지속적으로 동기를 유지하고 있는지를 살핀다.

2. 관련성
   1) 교사는 모둠을 구성하여 학습자들 스스로 역사적 사건을 바탕으로 실생활과 관련된 문제들을 생각해 보고, 그에 적절한 해법을 찾아보도록 한다.
   2) 교사는 학습자들에게 그들이 미처 생각하지 못한 대원군의 개혁정책, 외침, 역사적인 사건과 관련된 다양한 예를 제공한다.
   3) 교사는 현재 우리 주변에서 접할 수 있는 여러 가지 상황에서 문제를 제시하고, 그들이 학습한 지식과 기능을 바탕으로 해결 방법을 구할 수 있는 기회를 제공한다.

3. 자신감
   1) 교사는 학습자들에게 이 수업내용에 대한 그들의 자신감의 정도를 토론해 보라고 한다.
   2) 교사는 학습자들에게 수업초기나 수업진행 중에 그들이 설정한 개인

적인 학습목표에 대해 얼마나 많이 달성했는가를 스스로 점검해 보라고 한다.

3) 교사는 학습자들에게 그들 자신의 역량이 그들의 과제수행으로 나타난다는 것을 인지하도록 해준다.

4. 만족감

1) 교사는 학습자들이 성공적인 학습목표에 도달했을 때 학습자의 내재적 자존심에 긍정적인 영향을 주는 칭찬을 제공한다.

2) 교사는 학습자들이 책임감 있게 수업의 전체적인 내용을 다 마친 것에 대해 승인을 제공한다.

3) 교사는 이 수업의 과제를 잘 수행한 학습자들에게 보다 적극적으로 강화한다.

4) 교사는 수업 중반에 대원군의개혁정책, 척화비를 세운 까닭을 잘 이해하지 못했던 학습자들에게 다시 그 부분들에 대해 생각해 볼 수 있는 기회를 제공한다.

5) 교사는 학습자들이 그들의 성적에 대해 공정하게 평가되었다고 느끼도록 일관성 있게 평가한다.

▶ 수업전체

1. 주의집중

1) 교사는 다양한 방법으로 학습자들에게 수업내용을 제시한다.

2) 교사는 다양한 목소리로 학습자들에게 수업내용을 제시한다.

3) 교사는 학습자들과 끊임없이 시선을 교류하고 그들의 얼굴표정을 관찰한다.

4) 교사는 학습자들에게 호기심을 가질 수 있는 질문들을 자주 한다.

2. 관련성

   1) 교사는 학습자들에게 대원군의 개혁정책, 신미양요, 병인양요의 원인과 경과, 척화비를 세운 까닭 등과 같은 역사적인 사건들이 현재를 살아가고, 미래를 예측하는 실생활과 관련이 있다는 것을 말로 설명하거나 토론을 통해 스스로 깨달을 수 있는 기회를 제공한다.

   2) 교사는 학습자들의 역사적 사실에 대한 개인적인 선수지식 수준에 따라 개별적인 학습목표를 설정해보라고 한다.

   3) 교사는 학습자들이 성취와 성공의 과정, 그리고 그와 관련된 감정들을 시각화하도록 격려한다.

   4) 교사는 학습자들이 한 개인으로서 말하고 있다는 것을 느낄 수 있도록 개별적인 언어를 사용한다.

3. 자신감

   1) 교사는 학습자들이 역사적 사건들에 대한 자신감을 갖고 있는지에 대해 계속적으로 학습자의 반응을 분석한다.

   2) 교사는 학습자들에게 성공적인 학습목표를 판단할 수 있는 객관적인 준거들을 알려준다.

   3) 교사는 학습자들에게 척화비를 세운 까닭에 대한 수업내용의 자신감의 정도를 토론해 보라고 한다.

   4) 교사는 학습자들에게 그들의 만족스런 반응에 대해 일관성 있는 피드백을 제공한다.

4. 만족감

   1) 교사는 학습자들이 소난원을 성공적인 과제수행을 했을 때 학습자의 내재적 자존심에 긍정적인 영향을 주는 칭찬을 제공한다.

   2) 교사는 과제를 숙달한 학습자가 과제를 숙달하지 못한 학습자들을 도와주도록 기회를 지공한다.

   3) 교사는 학습자들이 그들의 과제 수행에 대해 공정하게 평가되었다고

느끼도록 일관성 있게 평가한다.

4) 교사는 긍정적이고 열정적인 말로 학습자들이 성공적으로 학습목적
을 달성할 수 있다고 말한다.

7단계 최종전략 선택

* 동기전략 선택의 준거
- 동기전략이 전체 수업시간의 너무 많은 부분을 차지해서는 안된다.
- 게임, 역할극, 등의 동기전략이 수업자체보다 재미있고, 이로 인해 수
  업에 지장을 초래해서는 안된다.
- 효과적인 동기전략이라도 개발에 시간과 비용이 지나치게 소모되어서
  는 안된다.
- 교사의 수업방법에 맞는 동기전략을 선택해야 한다.
- 학습자의 동기분석에 근거하여 필요한 전략만큼만 사용한다.

▶ 수업전체
1) 교사는 다양한 방법으로 학습자들에게 수업내용을 제시한다(A, C, S).
2) 교사는 학습자들과 끊임없이 시선을 교류하고, 그들의 얼굴표정을 관
   찰한다(C, S).
3) 교사는 과제를 숙달한 학습자가 과제를 숙달하지 못한 학습자들을
   도와주도록 기회를 제공한다(C, S)
4) 교사는 학습자들이 대원군의 개혁정책, 신미양요와 병인양요의 원인과
   경과, 척화비를 세운 까닭 등의 성공적인 과제수행을 했을 때, 학습자
   의 내재적 자존심에 긍정적인 영향을 주는 칭찬을 제공한다(C, S).
5) 교사는 학습자들이 한 개인으로서 말하고 있다는 것을 느낄 수 있도
   록 개별적인 언어를 사용한다(R, S).

▶ 수업초기

1) 교사는 학습자들에게 이 수업을 마치고 나면 그들이 무엇을 할 수 있는지에 대해 알려준다(R, C, S).

2) 교사는 학습자들에게 역사적 사건에 대한 학습의 중요성을 설명한다(R).

3) 교사는 학습자들에게 강화도령이야기, 세도정치, 조선왕조 계보 등을 멀티미디어를 활용하여 제시한다(A, R).

4) 교사는 흥선대원군, 조선말기의 외침과 관련된 도서, 영상자료, 문제집 등을 학습자들에게 제시한다(A, R).

5) 교사는 흥선대원군과 조선말기의 외침 사실에 대해서 잘못 이해하고 있다면, 보충 설명해 준다(C).

6) 교사는 긍정적이고 열정적인 말로 학습자들이 성공적으로 학습목적을 달성할 수 있다고 말한다(C, S).

7) 교사는 흥선대원군의 개혁정책과 신미양요, 병인양요, 척화비를 세운 까닭을 이해하는데 있어서 필요하다면, 모둠활동을 통하여 다른 학습자들의 도움을 받을 수 있음을 알려준다(C, S).

8) 교사는 학습자들이 학습문제를 해결하기 위해 노력할 때, 그러한 행동에 대해 긍정적인 말이나 행동을 제공한다(C, S).

9) 학습자들이 역사적인 사건에 대한 정확한 이해를 하지 못하면, 흥선대원군의 개혁정책이나 외침 등에 대한 개별적인 학습목표를 세울 수 있는 기회를 제공한다(C).

10) 교사는 학습자들에게 수업시간에 다루는 문제들이 결코 어렵지 않다는 것을 친근한 목소리로 반복해서 말해준다(C).

▶ 수업중반

1) 교사는 학습자들에게 학습문제 해결과정에 적극적으로 질문하도록 기회를 제공한다(A, R, C).

2) 교사는 게임 방법을 활용하여 학습자들에게 실생활에서 역사적인 사

건에 대한 인식을 바탕으로 유추해낼 수 있는 문제들을 자발적으로 생각해보라고 제시한다(R, C, S).

3) 교사는 실생활과 관련된 문제를 제할 때, 학습자들의 개인적인 능력에 따라 점차적으로 어려운 과제를 제시한다(R, C, S).

4) 교사는 학습자들의 만족스런 반응에 대해 일관성 있는 피드백을 제공한다(C, S).

5) 교사는 학습자들이 그들의 개인적인 능력에 따라 그에 적합한 학습목표를 설정하도록 기회를 제공한다(C, S).

▶ 수업마무리

1) 교사는 이 수업내용의 전체적인 정리 및 요약을 할 때, 다양한 수업방법으로 한다(A, R, C, S).

2) 교사는 학습자들에게 그들이 미처 생각하지 못했던 실생활 속에서 흥선대원군의 개혁정책, 신미양요와 병인양요와 같은 외침, 척화비를 세운 까닭과 관련된 다양한 예를 제공한다(A, R, C, S).

3) 교사는 학습자들에게 실생활에서 역사적 사건을 바탕으로 해결하고 판단할 수 있는 몇 가지 문제를 제시하고, 그들이 학습한 지식으로 해결 방법을 찾아낼 수 있는 기회를 제공한다(R, C, S).

4) 교사는 학습자들에게 수업초기나 수업진행 중에 그들이 설정한 개인적인 학습목표들에 대해 얼마나 많이 달성했는지를 스스로 점검해보라고 한다(C, S).

5) 교사는 학습자들이 그들이 성적에 대해 공정하게 평가되었다고 느끼도록 일관성 있게 평가한다(C, S).

8단계 교수전략에 통합

수업내용 개관	동기전략 개관	기타의견
1. 수업초기 · 홍선대원군이 생애와 개혁정책, 병인양요, 신미양요가 일어난 원인과 경과 조사, 척화비를 세운 까닭 알아보는 학습목표 제시하기 · 역사적 사건에 대한 이해와 활용의 좋은 점과 평가기준을 제시하기.	-전체적으로 교사는 다양한 방법으로 학습자들에게 수업내용을 제시하고, -학습자들에게 개별적인 언어를 사용한다. -여러 가지 비석그림 제시하기(비석은 선인의 은혜나 공적을 기리기 위해 돌에 새겨 세운 것임을 알게 한다). -교사는 학습자들의 관련성을 높이기 위해 학습목표의 의미를 설명해 준다 -교사는 학습자들의 관련성, 자신감, 만족감을 높이기 위하여 이 수업이 끝난 후 그들이 무엇을 할 수 있는지에 대해 말해준다. -교사는 학습자들의 자신감과 만족감을 높이기 위하여 성공적인 학업성취도를 판단할 수 있는 객관적인 준거들을 알려준다.	-큰 글씨를 사용하고 핵심단어는 다른 색깔을 사용한다(파워포인트로 작성하여 제공한다).
· 홍선대원군이 생애와 개혁정책, 병인양요, 신미양요가 일어난 원인과 경과 조사, 척화비에 관한 지식을 간략하게 확인하기	-교사는 선수학습의 관련성을 유발하기 위하여 ICT학습자료를 사용하여 홍선대원군이 생애와 개혁정책, 병인양요, 신미양요가 일어난 원인과 경과 조사, 척화비를 세운 까닭에 관련된 학습문제 해결방법을 제시한다. -교사는 모둠활동을 통하여 학습자들의 선수지식을 점검해 보도록 한다. -교사는 홍선대원군이 생애와 개혁정책, 병인양요, 신미양요가 일어난 원인과 경과 조사, 척화비에 관련한 내용을 전혀 모르는 학습자들에게 자신감을 유발하기 위하여 개별적인 학습목표를 세우도록 한다.	-모둠구성은 주의집중 수준이 낮은 학습자 3명을 골고루 분산하여 배치하고, 친근한 소재를 활용하여 그들의 주의집중과 관련성을 유발한다.
· 실생활과 관련된 역사적 사건에 대한 이해 문제를 몇 가지 소개하기. · 홍선대원군이 생애와 개혁정책, 병인양요, 신미양요가 일어난 원인과 경과 조사, 척화비에 관한 학습자들의 이해정도를 파악하고, 피드백을 제공하기	-교사는 학습자들의 주의집중을 유지하기 위해 실생활에서 역사적인 사건의 이해를 바탕으로 판단할 수 있는 몇 가지 문제를 제시한다. -주의집중을 보이지 않는 3명의 학습자들이 수업에 직극적으로 참여하지 않으면, 교사는 그들에게 친근한 목소리로 이름을 부르면서 수업에 집중하라고 얘기하고, 개인적인 관심을 갖고 있음을 나타낸다. -교사는 학습자들의 자신감을 높이기 위하여 모둠을 구성하여 학습자들이 역사적 사건에 대하여 어느 정도 이해하고 있는지 서로 토론하도록 한다. -교사는 소집단을 둘러보면서 자신감과 만족감을 유발하기 위하여 학습자들 간에 서로 도움을 주도록 분위기를 형성한다. -토론결과 학습자들이 학습내용에 대해 잘못 이해하고 있다면, 교사는 즉각적으로 교정적 피드백을 제공한다.	-학습자들이 토론시간을 너무 길게 사용하지 않도록 한다. 토론이 활발하지 못한 경우에는 학습의욕이 떨어질 수 있다.

178

수업내용 개관	동기전략 개관	기타의견
2. 수업중반 · 실생활과 관련된 개혁정책, 병인양요, 신미양요가 일어난 원인과 경과 조사, 척화비에 대한 조사내용과 이해한 내용을 구체적으로 제시하기.	-교사는 학습자들의 주의집중, 관련성, 자신감, 만족감을 유지하기 위하여 흥선대원군과 관련된 빙고게임을 한다. 학습자들이 돌아가면서 알맞은 낱말을 제시하고, 교사는 그에 따라 스티커 제공으로 만족감을 향상시킨다. -모둠활동을 통하여 브레인스토밍, 사전에 조사한 과제학습을 바탕으로 한 토의학습, 흥선대원군의 인물연표만들기, 흥선대원군의 개혁정책에 대한 역할극 활동을 통하여 문제를 해결한다. 교사는 문제를 해결한 학습자가 아직 해결하지 못한 학습자를 도울 수 있도록 하여 제공하여 자신감과 만족감을 갖는 기회를 제공한다. -모둠활동이 진행되는 동안 교사는 교실을 궤간 순시하면서 학습자들의 의문사항에 적극적으로 질문할 수 있는 기회를 제공하여 주고 , 개별적인 언어를 사용하여 부드러운 목소리로 피드백을 제공한다. -문제를 해결하는 데 어려움을 겪는 학습자에게는 그들에게 적합한 학습문제를 선정하도록 하여 자신감을 향상시킨다. -모둠활동이 끝나면 교사는 모둠별로 조사하고 이해한 학습내용을 발표하도록 하고, 교사는 우수한 학습결과 발표한 모둠이나 학습자의 능력을 인정하고, 내재적인 자존심에 긍정적인 영향을 주는 칭찬을 제공하여 자신감과 만족감을 높인다.	-이때 교사는 밝고 생동감이 넘치는 목소리로 학습자들의 활동을 촉진시킨다. -교사는 자신감이 높거나 적절한 학생 28명의 학습자들이 적절한 자신감을 유지하고 있는지 에 대해 지속적인 관심을 갖고 지켜본다. -교사는 학습자의 자신감과 만족감을 높이기 위하여 일관성 있는 피드백을 제공한다. -교사는 모둠활동을 하는 동안 주의집중을 유지하고, 자신감과 만족감의 향상을 파악하기 위해 끊임없이 그들과 시선을 교류하고 얼굴표정을 관리한다.
3. 수업마무리 · 흥선대원군의 생애와 개혁정책, 병인양요, 신미양요가 일어난 원인과 경과, 척화비를 세운 까닭에 대한 학습내용을 전체적으로 정리 및 요약 · 차시예고	-학급구호와 약속을 외치면서 학습자들의 주의집중을 향상시킨다. -교사는 흥선대원군이 생애와 개혁정책, 병인양요, 신미양요가 일어난 원인과 경과, 척화비를 세운 까닭을 마인드맵 활동을 통하여 성공적으로 해결함으로써 자신감과 만족감을 갖도록 한다. -교사는 학습자들이 미처 생각하지 못했던 실생활 속에서 역사적 사건의 이해와 관련된 다양한 예들을 제공하여 주의집중과 관련성을 유지·향상시킨다. -교사는 자신감과 만족감을 향상시키기 위해 학습자들에게 수업진행 중에 그들이 설정한 개인적인 학습목표에 대해 얼마나 많이 달성했는지를 스스로 점검해 보라고 한다. -교사는 수업중반에 학습문제 해결에 어려움을 느꼈던 학습자들에게 그 학습문제를 다시 한번 정리해 볼 수 있는 기회를 제공하여 자신감과 만족감을 높여준다. -평가에 있어서 교사는 학습자들이 그들의 성적에 대해 공정하게 평가되었다고 느끼도록 일관성 있게 평가하여 자신감과 만족감을 높여준다. -교사는 학습자들의 흥미를 유지하기 위하여 다음 차시 학습내용에 대해 간략하게 소개하고 수업을 마친다.	-교사는 흥선대원군의 생애와 개혁정책, 병인양요, 신미양요가 일어난 원인과 경과 , 척화비에 대한 이해와 실생활에서의 관련성에 대해서 학습자들이 잘 지각하고 있는지를 알아보기 위해 진지한 목소리로 질문한다.

9단계 교재선택 및 개발

1. 동기목표에 맞는 기존 동기전략과 교재나 활동을 파악한다.

　　제 7차 교육과정이 2002학년도부터 6학년이 적용되기 때문에 기존의 학습지도안이 없다. 따라서 이 수업에서 요구되는 동기목표를 달성하기 위한 동기전략 교재는 새로 작성한다. 학습내용은 사회 교과서와 사회과 탐구를 바탕으로 재조직한다.

2. 새로이 개발되거나 많은 수정이 필요한 동기전략을 열거한다.
　　1) 교사는 학습자들의 주의집중을 유발하기 위하여 학습목표를 제시할 파워포인트 제작과 다양한 영상자료를 제시한다.
　　2) 교사는 학습자들의 자신감과 만족감을 향상시키기 위해 모둠을 구성하여 다양한 학습활동 방법을 제시한다.
　　3) 학습자들의 주의집중을 유지하기 위해 교사의 수업위치를 다양하게 변화한다.
　　4) 학습자들의 관련성 향상을 위해 모둠의 토론활동을 제시한다.
　　5) 학습자들의 관련성, 자신감, 만족감의 향상을 위해 그들의 개인적 능력에 따라 목표를 설정할 수 있도록 한다.
　　6) 학습자들의 자신감과 만족감을 향상시키기 위해 그들의 성공적인 학습결과에 따라 긍정적인 영향을 미치는 내·외적인 보상을 제공한다.

3. 개발계획을 작성한다.
　　1) 인　원
　　동기전략을 개발하는 데 필요한 인원은 이 수업을 담당하고 있는 교사 1명과 교수설계 전문가인 교육공학자 1명으로 총 2명이다. 교수설계 전문가인 교육공학자는 이 분야에서 6년 동안 각종 수업설계에 참여하고 논문을 발표했기 때문에 경험이 풍부하다.

2) 기　간

동기전략을 개발하는 데 필요한 기간은 1주일이다.

3) 방　법

이전 단계까지 수집한 정보와 워크숍 결과에 따라 교육공학자의 지도와 검토작업에 의해 동기전략교재를 개발한다. 문제에 직면했을 때는 교육공학자의 협조와 지도를 받아 수정할 수 있다.

4. 개발결과로서 기대되는 구체적 동기전략을 기술한다.
   1) 교사는 학습자들의 주의집중을 유발하기 위해서 영상물을 제공하기.
   2) 교사는 학습자들의 자신감과 만족감의 향상을 위해 모둠을 구성하고 브레인스토밍, 역할극, 마인드 맵 학습 등을 제공하기.
   3) 교사는 학습자들의 관련성, 자신감, 만족감의 향상을 위해 그들의 개인적인 능력에 따라 목표를 설정할 수 있도록 하기.
   4) 교사는 학습자들의 자신감과 만족감의 향상을 위해 그들의 성공적인 학습결과에 따라 긍정적인 영향을 미치는 내·외적인 보상을 제공하기

10단계 평가 및 수정

1. 평가질문사항을 열거한다.
   1) 학습자들은 이 수업에 대해 흥미를 나타내는가?
   2) 교재에 대해 학습자들은 만족하는가?
   3) 모둠에서 브레인스토밍이 학습자들에게 적합한가?
   4) 수업에서 활용되는 여러 가지 동기전략들의 소요시간은 적당한가?
   5) 동기특성들을 교실수업의 교사가 어떻게 전달하는가?

2. 평가도구와 방법을 열거한다.

　학습자들이 수업에 대한 흥미와 교재에 대한 만족도, 동기특성들의 전달체제에 관한 평가도구는 질문지를 사용할 수 있다. 이 수업에서는 다음 차시 동기설계 수업안 작성에 참고하기 위하여 수업흥미조사 질문지를 활용한다.

3. 평가계획을 기술한다.
　　1) 대상자는 이 수업에 참여한 모든 학습자들이고,
　　2) 장소는 6-1반 교실이며
　　3) 시간은 모든 수업이 끝난 직후에 실시한다.

4. 결과를 요약한다.
　학습자들은 자기를 인정해 주고 관심을 끊임없이 주는 교사에게 친밀감을 느끼고, 더욱 열심히 학습활동에 참여하는 모습을 보여 주었다. 모둠원끼리 서로 격려하고 도와주는 협력의 분위기가 고조되어 갔다. 빙고게임, 역사적인 실제 사례를 영상자료로 보여 주기, 마인드맵 활동, 교사의 다정하고 생생한 목소리, 활동에 대한 스티커 발부와 같은 공정한 기준에 의한 보상 등에 자극을 받아 적극적인 활동을 하였다.
　학습 결과물을 발표하는 방법도 TP자료를 만들어 OHP로 발표하기도 하고, 실물화상기에 자료를 제시하면서 만족감과 자신감을 보였다. 마이크를 준비해주는 학생, 발표를 담당하는 학생, 자료를 작성하는 학생, 사전학습 과제를 실물환등기에 준비하는 학생 등 한 사람도 소외됨이 없이 활발한 교실수업과정이었다. 흥선대원군의 개혁정책과 척화비를 세운 까닭을 충분히 지각하였다.

5. 수정요망 사항을 기술한다.
　　1) 교사 혼자서 교수·학습과정 내내 개별적인 학습목표 달성여부를 관심을 갖고 관찰하고 지도하는 일은 역부족이었다. 모둠 내에서 모둠장의 활동을 더 많이 격려하고 유도하는 방법의 모색이 필요하다.

2) 모둠의 학습결과물 발표 후반에 퀴즈를 내고 간단한 학용품이나 사탕을 보상으로 주는 활동에 학생들은 매우 관심을 보였다. 서로 답변을 하려고 적극적인 학습활동 모습이었다. 교사입장에서도 앞으로 보상물은 스티커뿐만 아니라 학습자들이 관심을 보이는 외적 강화와 내적 강화 방법에 대한 연구가 요구되었다.

3) 보다 계획적이고 구조적인 학습과제 제시가 수업에 많은 도움이 됨을 알았다.

4) 학습자료 제시에 변화성도 중요했지만 학생들은 탐구적 각성을 유도하는 질문식 문제제시에 상당한 관심을 보였다. 그러므로 동기전략 개발시 학습자 중심으로 시각을 바꾸어 연구하는 교사의 자세가 요구되었다.

3-4/ 6차시

(3-4/6차시부터는 지면관계상 1단계 수업정보획득과 8단계 교수전략에 통합한 부분만 소개 함)

1단계 : 수업 정보획득

1. 수업의 제목 : 단원 2. 외세의 침략과 우리 민족의 대응
                   소단원 1. 조선, 어디로 가야 하는가

2. 수업에 대한 설명
   1) 수업의 목적은 무엇인가?
      (1) 강화도 조약이 불평등조약인 까닭과 갑신정변의 특징과 문제점을 설명할 수 있다.
      (2) 동학농민 운동과 갑오개혁의 개혁내용과 역사적의의를 말할 수 있다.

2) 수업내용에 대한 간단한 기술 제시하기

이 제재에서는 조선 후기 우리 나라가 일본을 비롯하여 서양 여러 나라들에게 문호를 개방하는 과정을 살펴보게 한다.

먼저 외국과 맺은 최초의 근대적 조약이긴 하나 불평등 조약이었던 강화도 조약의 특징과 역사적 의의를 이후에 전개되는 주변국 및 서양 열강들의 제국주의적 침략과 연결시켜 이해하게 한다.

이어서 강화도 조약 이후 추진된 조선의 근대화를 위한 노력을 살펴보게 한다. 특히, 갑신정변의 원인과 과정, 결과를 조사하여 갑신정변이 가지는 의의와 문제점을 생각해 보게 한다.

그리고 아래로부터의 개혁운동인 동학 농민 운동의 원인과 과정, 결과를 살펴보게 한다.

개화파와 동학 농민 운동의 주장이 반영된 갑오개혁의 내용과 이것이 조선 사회에 미친 영향을 살펴보도록 한다.

8단계 교수전략에 통합

수업내용 개관	동기전략 개관	기타의견
1. 수업초기 · 강화도조약이 불평등 조약인 까닭과 갑신정변의 특징과 문제점, 동학 농민운동과 갑오개혁의 역사적 의의 등을 알아보는 학습목표 제시하기 · 역사적 사건에 대한 이해와 활용의 좋은 점과 평가기준을 제시하기.	-전체적으로 교사는 다양한 방법으로 학습자들에게 수업내용을 제시하고, -학습자들에게 개별적인 언어를 사용한다. -철망으로 만든 쥐덫이 어디에 사용되었을까?, 양초를 끓여 먹은 양반 등과 같은 영상물을 제시하기 -교사는 학습자들의 관련성을 높이기 위해 학습목표의 의미를 설명해 준다 -교사는 학습자들의 관련성, 자신감, 만족감을 높이기 위하여 이 수업이 끝난 후 그들이 무엇을 할 수 있는지에 대해 말해준다. -교사는 학습자들의 자신감과 만족감을 높이기 위하여 성공적인 학업성취도를 판단할 수 있는 객관적인 준거들을 알려준다. -교사는 선수학습의 관련성을 유발하기 위하여 ICT학습자료를 사용하여 강화도조약이 불평등조약인 까닭과 갑신정변의 특징과 문제점, 동학 농민운동과 갑오개혁의 역사적 의의 등에 관련된 학습문제 해결방법을 제시한다.	-큰 글씨를 사용하고 핵심단어는 다른 색깔을 사용한다(파워포인트로 작성하여 제공한다).
· 강화도조약이 불평등 조약인 까닭과 갑신정변의 특징과 문제점, 동학 농민운동과 갑오개혁의 역사적 의의에 관한 지식을 간략하게 확인하기 · 실생활과 관련된 역사적 사건에 대한 이해 문제를 몇 가지 소개하기.	-교사는 모둠활동을 통하여 학습자들의 선수지식을 점검해 보도록 한다. -교사는 강화도조약이 불평등조약인 까닭과 갑신정변의 특징과 문제점, 동학 농민운동과 갑오개혁의 역사적 의의에관련한 내용을 전혀 모르는 학습자들에게 자신감을 유발하기 위하여 개별적인 학습목표를 세우도록 한다. -교사는 학습자들의 주의집중을 유지하기 위해 실생활에서 역사적인 사건의 이해를 바탕으로 판단할 수 있는 몇 가지 문제를 제시한다.	-모둠구성은 주의 집중 수준이 낮은 학습자4명을 골고루 분산배치한다. 친근한 소재를 활용하여 그들의 주의집중과 관련성을 유발한다.
· 강화도조약이 불평등 조약인 까닭과 갑신정변의 특징과 문제점, 동학 농민운동과 갑오개혁의 역사적 의의에 관한 학습자들의 이해정도를 파악하고, 피드백제공하기	-주의집중을 보이지 않는 4명의 학습자들이 수업에 적극적으로 참여하지 않으면, 교사는 그들에게 친근한 목소리로 이름을 부르면서 수업에 집중하라고 얘기하고, 개인적인 관심을 갖고 있음을 나타낸다. -교사는 학습자들의 자신감을 높이기 위하여 모둠을 구성하여 학습자들이 역사적 사건에 대하여 어느 정도 이해하고 있는지 서로 토론하도록 한다. -교사는 소집단을 둘러보면서 자신감과 만족감을 유발하기 위하여 학습자들 간에 서로 도움을 주도록 분위기를 형성한다. -토론결과 학습자들이 학습내용에 대해 잘못 이해하고 있다면, 교사는 즉각적으로 교정적 피드백을 제공한다.	-학습자들이 토론 시간을 너무 길게 사용하지 않도록 한다. 토론이 활발하지 못한 경우에는 학습의욕이 떨어질 수 있다.

수업내용 개관	동기전략 개관	기타의견
2. 수업중반 · 실생활과 관련된 개혁정책, 병인양요, 신미양요가 일어난 원인과 경과 조사, 척화비에 대한 조사내용과 이해한 내용을 구체적으로 제시하기.	-전체적으로 교사는 다양한 방법으로 수업내용을 제시하고, -학습자들에게 개별적인 언어를 사용한다. -교사는 학습자들의 주의집중, 관련성, 자신감, 만족감을 유지하기 위하여 김옥균과 관련된 역할극을 통하여 실생활과 관련시켜서 교사는 그에 따라 스티커 제공으로 만족감을 향상시킨다. -모둠활동을 통하여 브레인스토밍, 사전에 조사한 과제학습을 바탕으로 한 토의학습, 근대화로 사라진 제도, 전봉준과 동학농민운동, 전봉준에 대한 역할극 활동을 통하여 문제를 해결한다. 교사는 문제를 해결한 학습자가 아직 해결하지 못한 학습자를 도울 수 있도록 하여 제공하여 자신감과 만족감을 갖는 기회를 제공한다. -모둠활동이 진행되는 동안 교사는 교실을 꾸준히 순시하면서 학습자들의 의문사항에 적극적으로 질문할 수 있는 기회를 제공하여 주고, 개별적인 언어를 사용하여 부드러운 목소리로 피드백을 제공한다. -문제를 해결하는 데 어려움을 겪는 학습자에게는 그들에게 적합한 학습문제를 선정하도록 하여 자신감을 향상시킨다. -모둠활동이 끝나면 교사는 모둠별로 조사하고 이해한 학습내용을 발표하도록 하고, 교사는 우수한 학습결과 발표한 모둠이나 학습자의 능력을 인정하고, 내재적인 자존심에 긍정적인 영향을 주는 칭찬을 제공하여 자신감과 만족감을 높인다.	-이때 교사는 밝고 생동감이 넘치는 목소리로 학습자들의 활동을 촉진시킨다. -교사는 자신감이 높거나 적절한 학생 28명의 학습자들이 적절한 자신감을 유지하고 있는지 에 대해 지속적인 관심을 갖고 지켜본다. -교사는 학습자의 자신감과 만족감을 높이기 위하여 일관성 있는 피드백을 제공한다. -교사는 모둠활동을 하는 동안 주의집중을 유지하고, 자신감과 만족감의 향상을 파악하기 위해 끊임없이 그들과 시선을 교류하고 얼굴표정을 관리한다.
3. 수업마무리 · 강화도조약이 불평등조약인 까닭과 갑신정변의 특징과 문제점, 동학 농민운동과 갑오개혁의 역사적 의의 등에 대한 학습내용을 전체적으로 정리 및 요약하기. · 차시예고하기	-전체적으로 교사는 다양한 방법으로 수업내용을 제시하고, -학습자들에게 개별적인 언어를 사용한다. -학급구호와 약속을 외치면서 학습자들의 주의집중을 향상시킨다. -교사는 강화도조약이 불평등조약인 까닭과 갑신정변의 특징과 문제점, 동학 농민운동과 갑오개혁의 역사적 의의 등을 학습하는 것을 마인드 맵 활동을 통하여 성공적으로 해결함으로써 자신감과 만족감을 갖도록 한다. -교사는 학습자들이 미처 생각지 못했던 실생활 속에서 역사적 사건의 이해와 관련된 다양한 예들을 제공하여 주의집중과 관련성을 유지·향상시킨다. -교사는 자신감과 만족감을 향상시키기 위해 학습자들에게 수업 진행 중에 그들이 설정한 개인적인 학습목표에 대해 얼마나 많이 달성했는지를 스스로 점검해 보라고 한다. -교사는 수업중반에 학습문제 해결에 어려움을 느꼈던 학습자들에게 그 학습문제를 다시 한번 정리해 볼 수 있는 기회를 제공하여 자신감과 만족감을 높여준다. -평가에 있어서 교사는 학습자들이 그들의 성적에 대해 공정하게 평가되었다고 느끼도록 일관성 있게 평가하여 자신감과 만족감을 높여준다. -교사는 학습자들의 흥미를 유지하기 위하여 다음 차시 학습내용에 대해 간략하게 소개하고 수업을 마친다.	-교사는 강화도조약이 불평등조약인 까닭과 갑신정변의 특징과 문제점, 동학 농민운동과 갑오개혁의 역사적 의의의 실생활에서의 관련성에 대해서 학습자들이 잘 지각하고 있는지를 알아보기 위해 진지한 목소리로 질문한다.

5-6/ 6차시

1단계 : 수업 정보획득

1. 수업의 제목 : 단원 2. 외세의 침략과 우리 민족의 대응
       소단원 3. 대한 제국을 선포한 뜻은

2. 수업에 대한 설명
  1) 수업의 목적은 무엇인가?
    (1) 독립협회의 활동과 대한 제국의 개혁 정책을 조사하여 발표할
       수 있다.
    (2) 조선이 서양 문물을 받아들여 근대적 사회의 모습을 갖추어 나
       가는 과정을 말할 수 있다.
  2) 수업내용에 대한 간단한 기술 제시하기
  강화도 조약 이후 문호를 개방함으로써, 조선은 많은 정치·사회·경제
적 변화를 겪게 된다. 제재에서는 문호개방이후의 자주권을 지키기 위한
우리 조상들의 노력을 살펴보도록 한다. 그리고 개화정책의 추진과 근대
문물의 도입으로 달라진 사회 모습에 대하여 알아보도록 한다.
  일본과 러시아가 우리 나라를 사이에 두고 경쟁을 하는 중에 삼국 간섭
과 을미사변이 일어났다. 그리고 이처럼 나라가 어려움에 처했을 때에 독
립협회가 조직되어 자주권을 지키기 위한 노력을 하였고, 정부에서도 대한
제국을 선포한 후 여러 가지 개혁을 추진하였다.
  강화도 조약 이후의 급격한 서양 문화의 수용은 당시 사람들에게 많은
혼란을 주었다. 일부 사람들은 서양 문물이 우리의 주권과 전통을 지키는
데 해롭다고 생각하였기 때문에 강경하게 반대하였다. 그러나 이러한 반대
에도 불구하고 서양의 신식문화는 그 편리함과 합리성 때문에 받아들여졌
고, 사람들의 생활에 많은 영향을 주었다.

8단계 교수전략에 통합

수업내용 개관	동기전략 개관	기타의견
1. 수업초기 · 독립협회의 활동과 대한제국의 개혁정책, 근대문물로 달라진 사회모습을 알아보는 학습목표 제시 · 역사적 사건에 대한 이해와 활용의 좋은 점과 평가기준을 제시 · 독립협회의 활동과 대한제국의 개혁정책, 근대문물로 달라진 사회모습에 관한 지식을 간략하게 확인 · 실생활과 관련된 역사적 사건에 대한 이해 문제를 몇 가지 소개하기. · 독립협회의 활동과 대한제국의 개혁정책, 근대문물로 달라진 사회모습에 관한 학습자들의 이해정도 파악, 피드백 제공	-전체적으로 교사는 다양한 방법으로 학습자들에게 수업내용을 제시하고, -학습자들에게 개별적인 언어를 사용한다. -명성왕후 시해사건을 뉴스속보 형식으로 영상을 제시한다. -교사는 학습자들의 관련성을 높이기 위해 학습목표의 의미를 설명해준다 -교사는 학습자들의 관련성, 자신감, 만족감을 높이기 위하여 이 수업이 끝난 후 그들이 무엇을 할 수 있는지에 대해 말해준다. -교사는 학습자들의 자신감과 만족감을 높이기 위하여 성공적인 학업성취도를 판단할 수 있는 객관적인 준거들을 알려준다. -교사는 선수학습의 관련성을 유발하기 위하여 ICT학습자료를 사용하여 독립협회의 활동과 대한제국의 개혁정책, 근대문물로 달라진 사회모습에 관련된 학습문제 해결방법을 제시한다. -교사는 모둠활동을 통하여 학습자들의 선수지식을 점검해 보도록 한다. -교사는 독립협회의 활동과 대한제국의 개혁정책, 근대문물로 달라진 사회모습 에 관련한 내용을 전혀 모르는 학습자들에게 자신감을 유발하기 위하여 개별적인 학습목표를 세우도록 한다. -교사는 학습자들의 주의집중을 유지하기 위해 실생활에서 역사적인 사건의 이해를 바탕으로 판단할 수 있는 몇 가지 문제를 제시한다. -주의집중을 보이지 않는 3명의 학습자들이 수업에 적극적으로 참여하지 않으면, 교사는 그들에게 친근한 목소리로 이름을 부르면서 수업에 집중하라고 얘기하고, 개인적인 관심을 갖고 있음을 나타낸다. -교사는 학습자들의 자신감을 높이기 위하여 모둠을 구성하여 학습자들이 역사적 사건에 대하여 어느 정도 이해하고 있는지 서로 토론하도록 한다. -교사는 소집단을 둘러보면서 자신감과 만족감을 유발하기 위하여 학습자들 간에 서로 도움을 주도록 분위기를 형성한다. -토론결과 학습자들이 학습내용에 대해 잘못 이해하고 있다면, 교사는 즉각적으로 교정적 피드백을 제공한다.	-큰 글씨를 사용하고 핵심단어는 다른 색깔을 사용한다(파워포인트로 작성하여 제공한다). -모둠구성은 주의집중 수준이 낮은 학습자 3명을 골고루 분산하여 배치하고, 친근한 소재를 활용하여 그들의 주의집중과 관련성을 유발한다. -학습자들이 토론시간을 너무 길게 사용하지 않도록 한다. 토론이 활발하지 못한 경우에는 학습의욕이 떨어질 수 있다.

수업내용 개관	동기전략 개관	기타의견
2. 수업중반 · 실생활과 관련된 독립협회의 활동과 대한제국의 개혁정책, 근대문물로 달라진 사회모습에 대한 조사내용과 이해한 내용을 구체적으로 제시하기.	-교사는 학습자들의 주의집중, 관련성, 자신감, 만족감을 유지하기 위하여 독립협회의 활동, 대한제국의 개혁, 최초의 근대학교에 관련한 낱말 스피드게임을 한다. 학습자들이 돌아가면서 알맞은 낱말을 제시하고, 교사는 그에 따라 스티커 제공으로 만족감을 향상시킨다. -모둠활동을 통하여 브레인스토밍, 사전에 조사한 과제학습을 바탕으로 한 토의학습, 단발령을 둘러 싼 갈등상황을 역할극 활동을 통하여 문제를 해결한다. 교사는 문제를 해결한 학습자가 아직 해결하지 못한 학습자를 도울 수 있도록 하여 제공하여 자신감과 만족감을 갖는 기회를 제공한다. -모둠활동이 진행되는 동안 교사는 교실을 궤간 순시하면서 학습자들의 의문사항에 적극적으로 질문할 수 있는 기회를 제공하여 주고 , 개별적인 언어를 사용하여 부드러운 목소리로 피드백을 제공한다. -모둠활동이 끝나면 교사는 모둠별로 조사하고 이해한 학습내용을 발표하도록 하고, 교사는 우수한 학습결과 발표한 모둠이나 학습자의 능력을 인정하고, 내재적인 자존심에 긍정적인 영향을 주는 칭찬을 제공하여 자신감과 만족감을 높인다.	-이때 교사는 밝고 생동감이 넘치는 목소리로 학습자들의 활동을 촉진시킨다. -교사는 자신감이 적절한 학생 28명의 학습자들이 적절한 자신감을 유지하고 있는지 에 대해 지속적인 관심을 갖고 지켜본다.
3. 수업마무리 · 독립협회의 활동과 대한제국의 개혁정책, 근대문물로 달라진 사회모습에 대한 학습내용을 전체적으로 정리 및 요약하기. · 차시예고	-전체적으로 교사는 다양한 방법으로 수업내용을 제시하고, -학습자들에게 개별적인 언어를 사용한다. -학급구호와 약속을 외치면서 학습자들의 주의집중을 향상시킨다. -교사는 독립협회의 활동과 대한제국의 개혁정책, 근대문물로 달라진 사회모습을 마인드 맵 활동을 통하여 성공적으로 해결함으로써 자신감과 만족감을 갖도록 한다. -교사는 학습자들이 미처 생각하지 못했던 실생활 속에서 역사적 사건의 이해와 관련된 다양한 예들을 제공하여 주의집중과 관련성을 유지·향상시킨다. -교사는 자신감과 만족감을 향상시키기 위해 학습자들에게 수업진행 중에 그들이 설정한 개인적인 학습목표에 대해 얼마나 많이 달성했는지를 스스로 점검해 보라고 한다. -교사는 수업중반에 학습문제 해결에 어려움을 느꼈던 학습자들에게 그 학습문제를 다시 한번 정리해 볼 수 있는 기회를 제공하여 자신감과 만족감을 높여준다. -평가에 있어서 교사는 학습자들이 그들의 성적에 대해 공정하게 평가되었다고 느끼도록 일관성 있게 평가하여 자신감과 만족감을 높여준다. -교사는 학습자들의 흥미를 유지하기 위하여 다음 차시 학습내용에 대해 간략하게 소개하기.	-교사는 독립협회의 활동과 대한제국의 개혁정책, 근대문물로 달라진 사회모습에 대한 이해와 실생활에서의 관련성 에 대해서 학습자들이 잘 지각하고 있는지를 알아보기 위해 진지한 목소리로 질문한다.

1-2/4 차시

1단계 : 수업 정보획득

1. 수업의 제목 : 단원 3. 대한민국의 발전, 소단원 1. 총과 펜을 들어 싸운
　　　　　　　조상들

2. 수업에 대한 설명
　1) 수업의 목적은 무엇인가?
　　(1) 을사조약 체결후 전개된 의병활동 내용을 조사하여 표로 정리해
　　　 보고 이를 설명할 수 있다.
　　(2) 민족의 혼과 얼을 찾기 위한 애국 계몽 운동에 대하여 설명할
　　　 수 있다.
　2) 수업내용에 대한 간단한 기술 제시하기
　이 제재에서는 일제의 침략에 대항하여 우리 민족이 벌인 무력 항쟁과
애국 계몽운동을 통하여 조상들이 펼친 항일 운동의 다양한 모습을 살펴보
고 조상들의 자주독립정신을 알게 한다.
　3) 이 수업을 올해에 한 번 이상 가르칠 것인가?
　이 수업은 올해 한번 가르칠 것이다. 그러나 1학기말과 학년말에 다시
반복하여 보충학습 하는 시간을 가짐으로써 학습자들의 파지능력을 길러
줄 것이다.

8단계 교수전략에 통합

수업내용 개관	동기전략 개관	기타의견
1. 수업초기 · 을사조약 체결 후 전개된 의병활동, 애국계몽운동을 알아보는 학습목표제시 · 역사적 사건에 대한 이해와 활용의 좋은 점과 평가기준을 제시하기. · 을사조약 체결 후 전개된 의병활동, 애국계몽운동에 관한 지식을 간략하게 확인 · 실생활과 관련된 역사적 사건을 몇가지 소개.	-전체적으로 교사는 다양한 방법으로 학습자들에게 수업내용을 제시하고, -학습자들에게 개별적인 언어를 사용한다. -을사조약체결에 참여한 한규설의 부인 일화를 영상으로 소개한다. -학습자들의 관련성을 높이기 위해 학습목표의 의미를 설명해 준다 -학습자들의 관련성, 자신감, 만족감을 높이기 위하여 이 수업이 끝난 후 그들이 무엇을 할 수 있는지에 대해 말해준다. -학습자들의 자신감과 만족감을 높이기 위하여 성공적인 학업성취도를 판단할 수 있는 객관적인 준거들을 알려준다. -교사는 선수학습의 관련성을 유발하기 위하여 ICT학습자료를 사용하여 을사조약 체결 후 전개된 의병활동, 애국계몽운동에 관련된 학습문제 해결방법을 제시한다. -모둠활동을 통하여 학습자들의 선수지식을 점검해 보도록 한다. -을사조약 체결 후 전개된 의병활동, 애국계몽운동에 관련한 내용을 전혀 모르는 학습자들에게 자신감을 유발하기 위하여 개별적인 학습목표를 세우도록 한다. -교사는 학습자들의 주의집중을 유지하기 위해 실생활에서 역사적인 사건의 이해를 바탕으로 판단할 수 있는 IMF당시 금모으기 운동을 제시한다. -주의집중을 보이지 않는 3명의 학습자들이 수업에 적극적으로 참여하지 않으면, 교사는 그들에게 친근한 목소리로 이름을 부르면서 수업에 집중하라고 얘기하고, 개인적인 관심을 갖고 있음을 나타낸다.	-큰 글씨를 사용하고 핵심단어는 다른 색깔을 사용한다(파워포인트로 작성하여 제공한다). -모둠구성은 주의집중 수준이 낮은 학습자 3명을 골고루 분산하여 배치하고, 친근한 소재를 활용하여 그들의 주의집중과 관련성을 유발한다.
· 을사조약 체결 후 전개된 의병활동, 애국계몽운동에 관한 학습자들의 이해정도를 파악하고, 피드백을 제공하기	-교사는 학습자들의 자신감을 높이기 위하여 모둠을 구성하여 학습자들이 을사조약 체결 후 전개된 의병활동, 애국계몽운동에 대하여 어느 정도 이해하고 있는지 서로 토론하도록 한다. -교사는 소집단을 둘러보면서 자신감과 만족감을 유발하기 위하여 학습자들 간에 서로 도움을 주도록 분위기를 형성한다. -토론결과 학습자들이 학습내용에 대해 잘못 이해하고 있다면, 교사는 즉각적으로 교정적 피드백을 제공한다.	-학습자들이 토론시간을 너무 길게 사용하지 않도록 한다. 토론이 활발하지 못한 경우에는 학습의욕이 떨어질 수 있다.

수업내용 개관	동기전략 개관	기타의견
2. 수업중반 · 실생활과 관련된 을사조약 체결 후 전개된 의병활동, 애국계몽운동에 대한 조사내용과 이해한 내용을 구체적으로 제시하기.	-교사는 학습자들의 주의집중, 관련성, 자신감, 만족감을 유지하기 위하여 인물카드만들기, 국채보상운동, 민족의 힘을 키우기 위한 교육활동, 역사연구, 국어연구에 관련한 낱말 스피드게임을 한다. 학습자들이 돌아가면서 알맞은 낱말을 제시하고, 교사는 그에 따라 스티커 제공으로 만족감을 향상시킨다. -모둠활동을 통하여 브레인스토밍, 사전에 조사한 과제학습을 바탕으로 한 토의학습, 을사조약 체결과정을 사회과 탐구106쪽을 참고하여 역할극 활동을 하여 문제를 해결한다. 교사는 문제를 해결한 학습자가 아직 해결하지 못한 학습자를 도울 수 있도록 하여 제공하여 자신감과 만족감을 갖는 기회를 제공한다. -모둠활동이 진행되는 동안 교사는 교실을 꿰간 순시하면서 학습자들의 의문사항에 적극적으로 질문할 수 있는 기회를 제공하여 주고, 개별적인 언어를 사용하여 부드러운 목소리로 피드백을 제공한다. -문제해결에 어려움을 겪는 학습자에게는 그들에게 적합한 학습문제를 선정하도록 하여 자신감을 향상시킨다. -모둠활동이 끝나면 교사는 모둠별로 조사하고 이해한 학습내용을 발표하도록 하고, 교사는 우수한 학습결과 발표한 모둠이나 학습자의 능력을 인정하고 칭찬을 제공하여 자신감과 만족감을 높인다.	-이때 교사는 밝고 생동감이 넘치는 목소리로 학습자들의 활동을 촉진시킨다. -교사는 자신감 적절한 학생 28명의 학습자들이 적절한 자신감을 유지하고 있는지에 대해 지속적인 관심을 갖고 지켜본다. -교사는 학습자의 자신감과 만족감을 높이기 위하여 일관성 있는 피드백을 제공한다.
3. 수업마무리 · 을사조약 체결 후 전개된 의병활동, 애국계몽운동에 대한 학습내용을 전체적으로 정리 및 요약하기. · 차시예고	-전체적으로 교사는 다양한 방법으로 수업내용을 제시하고, -학습자들에게 개별적인 언어를 사용한다. -학급구호와 약속을 외치면서 학습자들의 주의집중을 향상시킨다. -교사는 을사조약이 체결되었을 때 나라면 어떤 방법으로 일제에 저항했을지 글쓰기와 모둠 친구들과 교환하여 동료평가하는 활동을 통하여 자신감과 만족감을 갖도록 한다. -교사는 학습자들이 미처 생각하지 못했던 실생활 속에서 역사적 사건의 이해와 관련된 다양한 예들을 제공하여 주의집중과 관련성을 유지·향상시킨다. -교사는 자신감과 만족감을 향상시키기 위해 학습자들에게 수업진행 중에 그들이 설정한 개인적인 학습목표에 대해 얼마나 많이 달성했는지를 스스로 점검해 보라고 한다. -교사는 수업중반에 학습문제 해결에 어려움을 느꼈던 학습자들에게 그 학습문제를 다시 한번 정리해 볼 수 있는 기회를 제공하여 자신감과 만족감을 높여준다. -평가에 있어서 교사는 학습자들이 그들의 성적에 대해 공정하게 평가되었다고 느끼도록 일관성 있게 평가하여 자신감과 만족감을 높여준다. -교사는 학습자들의 흥미를 유지하기 위하여 다음 차시 학습내용에 대해 간략하게 소개하고 수업을 마친다.	-교사는 을사조약 체결 후 전개된 의병활동, 애국계몽운동에 대한 이해와 실생활에서의 관련성에 대해서 학습자들이 잘 지각하고 있는지를 알아보기 위해 진지한 목소리로 질문한다.

3-4/4 차시

1단계 : 수업 정보획득

1. 수업의 제목 : 단원 3-1. 나라를 되찾기 위한 노력
　　　　　　　　소단원 2. 대한 독립 만세, 한국 광복군 만세

2. 수업에 대한 설명
　1) 수업의 목적은 무엇인가?
　　(1) 3·1운동 전개과정을 알고 독립운동에 미친 영향을 알 수 있다.
　　(2) 대한민국 임시정부를 세운 까닭과 그 활동 내용을 파악하여 본
　　　　다.
　2) 수업내용에 대한 간단한 기술 제시하기

　이 제재에서는 일제 강점기에 우리 조상들이 벌인 독립 운동과 나라의
힘을 기르기 위해 전개된 실력 양성 운동에 대하여 학습한다. 3·1운동의
원인과 경과 영향, 대한민국 임시정부의 수립과 독립운동, 3·1 운동 이후
의 독립운동을 정리해본다.

　일제의 우리 민족에 대한 탄압을 여러 가지 자료를 통해 알아본 후, 3·
1 운동의 원인과 경과, 대한민국 임시정부의 수립과 활동, 무장 독립 운동,
국내에서의 독립 운동, 일제의 민족 말살 정책 등의 내용을 지도한다. 그러
나 그 하나 하나의 단편적인 역사적 사실의 나열에 그치지 말고, 그 배경
과 원인 및 결과를 살펴보도록 하여 역사흐름의 인과관계를 이해하게 하는
데에 중점을 둔다.

8단계 교수전략에 통합

수업내용 개관	동기전략 개관	기타의견
1. 수업초기 · 3 · 1운동의 전개 과정과 독립운동에 미친 영향, 대한민국 임시 정부를 세운 까닭을 알아보는 학습목표 제시하기 · 역사적 사건에 대한 이해와 활용의 좋은 점과 평가기준을 제시하기. · 3 · 1운동의 전개과정과 독립운동에 미친 영향, 대한민국 임시 정부를 세운 까닭에 관한 지식을 간략하게 확인하기 · 실생활과 관련된 역사적 사건에 대한 이해 문제를 몇 가지 소개 · 3 · 1운동 전개과정, 독립운동에 미친 영향, 대한민국임시 정부를 세운 까닭의 학습자들의 이해정도 파악, 피드백 제공	- 전체적으로 교사는 다양한 방법으로 학습자들에게 수업내용을 제시하고, - 학습자들에게 개별적인 언어를 사용한다. - 축구경기에서 응원을 해 본 경험에 대해 말하고, 한 · 일전에 대한 특별한 열기에 대해 말한다. - 학습자들의 관련성을 높이기 위해 학습목표의 의미를 설명해 준다 - 학습자들의 관련성, 자신감, 만족감을 높이기 위하여 이 수업이 끝난 후 그들이 무엇을 할 수 있는지에 대해 말해준다. - 교사는 학습자들의 자신감과 만족감을 높이기 위하여 성공적인 학업 성취도를 판단할 수 있는 객관적 준거들을 알려준다. - 교사는 선수학습의 관련성을 유발하기 위하여 ICT학습자료를 사용하여 3 · 1운동의 전개과정과 독립운동에 미친 영향, 대한민국 임시 정부를 세운 까닭에 관련된 학습문제 해결방법을 제시한다. - 교사는 모둠활동을 통하여 학습자들의 선수지식을 점검해 보도록 한다. - 교사는 3 · 1운동의 전개과정과 독립운동에 미친 영향, 대한민국 임시 정부를 세운 까닭에 관련한 내용을 전혀 모르는 학습자들에게 자신감을 유발하기 위하여 개별적인 학습목표를 세우도록 한다. - 교사는 학습자들의 주의집중을 유지하기 위해 실생활에서 역사적인 사건의 이해를 바탕으로 판단할 수 있는 몇 가지 문제를 제시한다. - 주의집중을 보이지 않는 3명의 학습자들이 수업에 적극적으로 참여하지 않으면, 교사는 그들에게 친근한 목소리로 이름을 부르면서 수업에 집중하라고 얘기하고, 개인적인 관심을 갖고 있음을 나타낸다. - 학습자들의 자신감을 높이기 위하여 모둠을 구성하여 학습자들이 역사적 사건에 대하여 어느 정도 이해하고 있는지 서로 토론하도록 한다. - 소집단을 둘러보면서 자신감과 만족감을 유발하기 위하여 학습자들 간에 서로 도움을 주도록 분위기를 형성한다. - 토론결과 학습자들이 학습내용에 대해 잘못 이해하고 있다면, 교사는 즉각적으로 교정적 피드백을 제공한다.	- 큰 글씨를 사용하고 핵심단어는 다른 색깔을 사용한다(파워포인트로 작성하여 제공한다). - 모둠구성은 주의집중 수준이 낮은 학습자 3명을 골고루 분산하여 배치하고, 친근한 소재를 활용하여 그들의 주의집중과 관련성을 유발한다. - 학습자들이 토론 시간을 너무 길게 사용하지 않도록 한다. 토론이 활발하지 못한 경우에는 학습의욕이 떨어질 수 있다.

수업내용 개관	동기전략 개관	기타의견2
2. 수업중반 · 실생활과 관련된 3·1운동의 전개과정과 독립운동에 미친 영향, 대한민국 임시 정부를 세운 까닭에 대한 조사내용과 이해한 내용을 구체적으로 제시	-학습자들의 주의집중, 관련성, 자신감, 만족감을 유지하기 위하여 3·1 운동과 독립운동, 대한민국 임시 정부와 관련된 스피드게임을 한다. 학습자들이 돌아가면서 알맞은 낱말을 제시하고, 교사는 그에 따라 스티커 제공으로 만족감을 향상시킨다. -브레인스토밍, 사전에 조사한 과제학습을 바탕으로 한 토의학습, 유관순 고문 상황 역할극 활동을 통하여 문제를 해결한다. -모둠활동이 진행되는 동안 교사는 교실을 궤간 순시하면서 학습자들의 의문사항에 적극적으로 질문할 수 있는 기회를 제공하여 주고 , 개별적인 언어를 사용하여 부드러운 목소리로 피드백을 제공한다. -문제를 해결하는 데 어려움을 겪는 학습자에게는 그들에게 적합한 학습문제를 선정하게 하여 자신감을 향상시킨다. -모둠활동이 끝나면 교사는 모둠별로 조사하고 이해한 학습내용을 발표하도록 하고, 교사는 우수한 학습결과 발표한 모둠이나 학습자의 능력을 인정하고, 내재적 자존심에 긍정적 영향을 주는 칭찬제공으로 자신감과 만족감을 높인다.	-이때 교사는 밝고 생동감이 넘치는 목소리로 학습자들의 활동을 촉진시킨다. -자신감이 높거나 적절한 학생 37명의 학습자들이 적절한 자신감을 유지하고 있는지 에 대해 지속적인 관심을 갖고 지켜본다.
3. 수업마무리 · 3·1운동의 전개과정과 독립운동에 미친 영향, 대한민국 임시 정부를 세운 까닭에 대한 학습내용을 전체적으로 정리 및 요약하기. · 차시예고	-전체적으로 교사는 다양한 방법으로 수업내용을 제시하고, -학습자들에게 개별적인 언어를 사용한다. -학급구호와 약속으로 학습자들의 주의집중을 향상시킨다. -3·1운동의 전개과정과 독립운동에 미친 영향, 대한민국 임시 정부를 세운 까닭을 마인드 맵 활동을 통하여 성공적으로 해결함으로써 자신감과 만족감을 갖도록 한다. -학습자들이 미처 생각하지 못했던 실생활 속에서 역사적 사건의 이해와 관련된 다양한 예들을 제공하여 주의집중과 관련성을 유지·향상시킨다. -자신감과 만족감을 유지시키기 위해 학습자들에게 수업진행 중에 그들이 설정한 개인적인 학습목표에 대해 얼마나 많이 달성했는지를 스스로 점검해 보라고 한다. -수업중반에 학습문제 해결에 어려움을 느꼈던 학습자들에게 그 학습문제를 다시 한번 정리해 볼 수 있는 기회를 제공하여 자신감과 만족감을 높여준다. -학습자들이 그들의 성적에 대해 공정하게 평가되었다고 느끼도록 일관성 있게 평가하여 자신감과 만족감을 높여준다. -교사는 학습자들의 흥미를 유지하기 위하여 다음 차시 학습내용에 대해 간략하게 소개하고 수업을 마친다.	-교사는 3·1운동의 전개과정과 독립운동에 미친 영향, 대한민국 임시 정부를 세운 까닭에 대한 이해와 실생활에서의 관련성에 대해서 학습자들이 잘 지각하고 있는지를 알아보기 위해 진지한 목소리로 질문한다.

1-2/6 차시

1단계 : 수업 정보획득

1. 수업의 제목 : 단 원 3-2. 대한민국의 수립과 발전, 소단원 1. 분단을 딛
고 일어선 대한민국

2. 수업에 대한 설명
1) 수업의 목적은 무엇인가?
(1) 대한민국정부 수립과 발전 과정에서 발생한 중요한 사건과 역사
적 인물에 대해 알 수 있다.
(2) 6·25전쟁의 전개과정과 그 결과를 알고 우리 민족이 당한 고통
에 대해 이해 할 수 있다.
2) 수업내용에 대한 간단한 기술 제시하기
이 제재에서는 중요한 인물과 역사적 사건을 중심으로 대한민국의 수립과
발전 과정에서 우리 민족이 겪은 고난과 극복의 과정에 대하여 알아본다. 이
제재는 크게 8·15광복과 남·북한 정부의 수립을 통한 남북의 분단과 6·25
전쟁으로 구분된다. 대한민국 수립과정을 알기 위하여 8·15 광복, 5·10 총
선거, 신탁통치 반대 운동 등의 과정을 알아보고, 이 과정에서 이승만과 김구
등의 활약상에 대해 조사해 본다. 또 6·25 전쟁의 발생 원인과 전개과정 및
그 영향에 대해 조사해 보도록 한다. 대한민국 정부의 수립과 6·25 전쟁에
대해 다룰 때 지나치게 이념의 대립이나 갈등을 부각시키는 것은 바람직하지
않으며, 남북 모두 이념 대립의 피해자이고, 남한의 경우에 자유 민주주의의
수호를 위해 노력하였다는 것을 중점을 둔다.

8단계 교수전략에 통합

수업내용 개관	동기전략 개관	기타의견
1. 수업초기 · 대한민국정부의 수립과정, 6·25전쟁의 전개과정, 우리 민족이 당한 고통을 알아보는 학습목표제시 · 역사적 사건에 대한 이해와 활용의 좋은 점과 평가기준을 제시. · 대한민국 정부의 수립과정, 6·25전쟁의 전개과정, 우리 민족이 당한 고통에 관한 지식을 간략하게 확인하기 · 실생활과 관련된 역사적 사건에 대한 이해 문제를 몇 가지 소개	-전체적으로 교사는 다양한 방법으로 학습자들에게 수업내용을 제시하고, -학습자들에게 개별적인 언어를 사용한다. -축구경기에서 응원을 해 본 경험에 대해 말하고, 한·일전에 대한 특별한 열기에 대해 말한다. -학습자들의 관련성을 높이기 위해 학습목표의 의미를 설명해 준다 -학습자들의 관련성, 자신감, 만족감을 높이기 위하여 이 수업이 끝난 후 그들이 무엇을 할 수 있는지 말해준다. -학습자들의 자신감과 만족감을 높이기 위하여 성공적인 학업성취도를 판단할 수 있는 객관적인 준거들을 알려준다. -선수학습의 관련성을 유발하기 위하여 ICT학습자료를 사용하여 대한민국 정부의 수립과정, 6·25전쟁의 전개과정, 우리 민족이 당한 고통에 관련된 학습문제 해결방법을 제시한다. -대한민국 정부의 수립과정, 6·25전쟁의 전개과정, 우리 민족이 당한 고통에 관련한 내용을 전혀 모르는 학습자들에게 자신감을 유발하기 위하여 개별적인 학습목표를 세우도록 한다. -주의집중을 보이지 않는 3명의 학습자들이 수업에 적극적으로 참여하지 않으면, 교사는 그들에게 친근한 목소리로 이름을 부르면서 수업에 집중하라고 얘기하고, 개인적인 관심을 갖고 있음을 나타낸다.	-큰 글씨를 사용하고 핵심단어는 다른 색깔을 사용한다 -모둠구성은 주의집중 수준이 낮은 학습자 3명을 골고루 분산하여 배치하고, 친근한 소재를 활용하여 그들의 주의집중과 관련성을 유발한다.
· 대한민국 정부의 수립과정, 6·25전쟁의 전개과정, 우리 민족이 당한 고통에 관한 학습자들의 이해정도를 파악하고, 피드백을 제공하기	-교사는 학습자들의 자신감을 높이기 위하여 모둠을 구성하여 학습자들이 역사적 사건에 대하여 어느 정도 이해하고 있는지 서로 토론하도록 한다. -교사는 소집단을 둘러보면서 자신감과 만족감을 유발하기 위하여 학습들 간에 서로 도움을 주도록 분위기를 형성한다. -토론결과 학습자들이 학습내용에 대해 잘못 이해하고 있다면, 교사는 즉각적으로 교정적 피드백을 제공한다.	-학습자들이 토론시간을 너무 길게 사용하지 않도록 한다. 토론이 활발하지 못한 경우에는 학습의욕이 떨어질 수 있다.

수업내용 개관	동기전략 개관	기타의견
2. 수업중반 · 실생활과 관련된 대한민국 정부의 수립과정, 6·25전쟁의 전개과정, 우리 민족이 당한 고통에 대한 조사내용과 이해한 내용을 구체적으로 제시하기.	-교사는 학습자들의 주의집중, 관련성, 자신감, 만족감을 유지하기 위하여 대한민국 정부의 수립과정, 6·25전쟁의 전개과정, 우리 민족이 당한 고통과 관련된 스피드게임을 한다. 학습자들이 돌아가면서 알맞은 낱말을 제시하고, 교사는 그에 따라 스티커 제공으로 만족감을 향상시킨다. -모둠활동을 통하여 브레인스토밍, 사전에 조사한 과제학습을 바탕으로 한 토의학습, 이산가족의 아픔을 주제로 한 역할극 활동을 통하여 문제를 해결한다. 교사는 문제를 해결한 학습자가 아직 해결하지 못한 학습자를 도울 수 있도록 하여 제공하여 자신감과 만족감을 갖는 기회를 제공한다. -모둠활동이 진행되는 동안 교사는 교실을 꾀간 순시하면서 학습자들의 의문사항에 적극적으로 질문할 수 있는 기회를 제공하여 주고, 개별적인 언어를 사용하여 부드러운 목소리로 피드백을 제공한다. -모둠별로 조사하고 이해한 학습내용을 발표하도록 하고, 교사는 우수한 학습결과 발표한 모둠이나 학습자의 능력을 인정하고, 내재적인 자존심에 긍정적인 영향을 주는 칭찬을 제공하여 자신감과 만족감을 높인다.	-교사는 자신감이 적절한 학생 28명의 학습자들이 적절한 자신감을 유지하고 있는지 에 대해 지속적인 관심을 갖고 지켜본다. -교사는 학습자의 주의집중, 관련성, 자신감, 그리고 만족감을 유지하기 위하여 일관성 있는 피드백을 제공한다.
3. 수업마무리 · 대한민국정부 수립과정, 6·25전쟁의 전개과정, 우리 민족이 당한 고통에 대한 학습내용을 전체적으로 정리 및 요약하기. · 차시예고	-전체적으로 교사는 다양한 방법으로 수업내용을 제시하고, -학습자들에게 개별적인 언어를 사용한다. -학급구호 외치면서 학습자들의 주의집중을 향상시킨다. -대한민국정부의 수립과정, 6·25전쟁의 전개과정, 우리 민족이 당한 고통을 마인드 맵 활동을 통하여 성공적으로 해결함으로써 자신감과 만족감을 갖도록 한다. -학습자들이 미처 생각하지 못했던 실생활 속에서 역사적 사건의 이해와 관련된 다양한 예들을 제공하여 주의집중과 관련성을 유지·향상시킨다. -자신감과 만족감을 유지시키기 위해 학습자들에게 수업진행 중에 그들이 설정한 개인적인 학습목표에 대해 얼마나 많이 달성했는지를 스스로 점검해 보라고 한다. -수업중반에 학습문제 해결에 어려움을 느꼈던 학습자들에게 그 학습문제를 다시 한번 정리해 볼 수 있는 기회를 제공하여 자신감과 만족감을 높여준다. -교사는 학습자들이 그들의 성적에 대해 공정하게 평가되었다고 느끼도록 일관성 있게 평가하여 자신감과 만족감을 높여준다. -교사는 학습자들의 흥미를 유지하기 위하여 다음 차시 학습내용에 대해 간략하게 소개하고 수업을 마친다.	-교사는 대한민국정부의 수립과정, 6·25전쟁의 전개과정, 우리 민족이 당한 고통에 대한 이해와 실생활에서의 관련성에 대해서 학습자들이 잘 지각하고 있는지를 알아보기 위해 진지한 목소리로 질문한다.

3-4/6 차시

1단계 : 수업 정보획득

1. 수업의 제목 : 단 원 3-2. 대한민국의 수립과 발전, 소단원 2. 민주 시민
   이 승리하던 날들

2. 수업에 대한 설명
   1) 수업의 목적은 무엇인가?
    (1) 대한민국 정부의 수립 이후의 우리 나라 민주 정치의 성장 과정에
        대하여 말할 수 있다.
    (2) 4·19 혁명, 5·18 민주화 운동, 6월 미주 항쟁 등 민주화 운동의
        발생 원인과 전개 과정, 이후의 영향에 대해 알 수 있다.
   2) 수업내용에 대한 간단한 기술 제시하기
   이 제재에서는 대한민국 정부 수립 이후 민주화 운동에 대해 탐구한다.
   이를 위해 민주화를 이루는 데 중요한 기여를 한 4·19 혁명을 비롯해,
   5·18 민주화 운동, 그리고 6월 민주 항쟁을 중심으로 민주화 과정을 살피
   게 된다. 4·19 혁명을 중심으로 간략하게 민주화 운동을 다루었던 제6차
   교육과정과는 달리 2차시에 걸쳐 민주화 운동을 소개하고 그 의의를 알아
   보는 것인 만큼 민주화 운동들이 우리의 민주 정치에 기여한 바를 집중적
   으로 부각시킬 필요가 있다. 특히 민주화는 우리 시민들의 피와 땀으로 이
   룩한 결과이며, 이를 바탕으로 경제 성장을 할 수 있었다는 점을 지적할
   필요가 있다. 그리고 민주화 운동 과정에서 발생한 이념간의 대립이나 갈
   등의 모습에 주점을 두지 않도록 한다.

8단계 교수전략에 통합

수업내용 개관	동기전략 개관	기타의견
1. 수업초기 · 대한민국 정부의 수립 이후 우리 나라 민주 정치의 성장과정, 4·19, 5·18, 6월 항쟁 등의 민주화 운동의 발생 원인과 전개과정을 알 아보는 학습목표 제시 · 역사적 사건에 대한 이 해와 활용의 좋은 점과 평가기준을 제시 · 대한민국 정부의 수립 이후 우리 나라 민주 정치의 성장과정, 4·19, 5·18, 6월 항쟁 등 의 민주화 운동의 발생 원인과 전개과정에 관 한 지식을 간략하게 확 인하기 · 실생활과 관련된 역사적 사건에 대한 이해 문제 를 몇 가지 소개하기. · 대한민국 정부의 수립 이후 우리 나라 민주 정 치의 성장과정, 4·19, 5·18, 6월 항쟁 등의 민주화 운동의 발생원 인과 전개과정에 관한 학습자들의 이해정도를 파악, 피드백 제공	-전체적으로 교사는 다양한 방법으로 학습자들에게 수업내용을 제 시하고, -학습자들에게 개별적인 언어를 사용한다. -근대사 관련 슬라이드를 보고 느낌을 말한다. -교사는 학습자들의 관련성을 높이기 위해 학습목표의 의미를 설명 해 준다 -학습자들의 관련성, 자신감, 만족감을 높이기 위하여 이 수업이 끝난 후 그들이 무엇을 할 수 있는지에 대해 말해준다. -학습자들의 자신감과 만족감을 높이기 위하여 성공적인 학업성취도 를 판단할 수 있는 객관적인 준거들을 알려준다. -선수학습의 관련성을 유발하기 위하여 ICT학습자료를 사용하여 대 한민국 정부의 수립이후 우리 나라 민주 정치의 성장과정, 4·19, 5·18, 6월 항쟁 등의 민주화 운동의 발생원인과 전개과정에 관련된 학습문제 해결방법을 제시한다. -대한민국 정부의 수립이후 우리 나라 민주 정치의 성장과정, 4· 19, 5·18, 6월 항쟁 등의 민주화 운동의 발생원인과 전개과정을 전혀 모르는 학습자들에게 자신감을 유발하기 위하여 개별적인 학 습목표를 세우도록 한다. -학습자들의 주의집중을 유지하기 위해 실생활에서 역사적인 사건 의 이해를 바탕으로 판단할 수 있는 몇 가지 문제를 제시한다. -주의집중을 보이지 않는 3명의 학습자들이 수업에 적극적으로 참 여하지 않으면, 교사는 그들에게 친근한 목소리로 이름을 부르면 서 수업에 집중하라고 얘기하고, 개인적인 관심을 갖고 있음을 나 타낸다. -교사는 학습자들의 자신감을 높이기 위하여 모둠을 구성하여 학습 자들이 역사적 사건에 대하여 어느 정도 이해하고 있는지 서로 토 론하도록 한다. -교사는 소집단을 둘러보면서 자신감과 만족감을 유발하기 위하여 학 습자들 간에 서로 도움을 주도록 분위기를 형성한다. -토론결과 학습자들이 학습내용에 대해 잘못 이해하고 있다면, 교사 는 즉각적으로 교정적 피드백을 제공한다.	-큰 글씨를 사용하 고 핵심단어는 다른 색깔을 사 용한다(파워포인 트로 작성하여 제공한다). -모둠구성은 주의 집중 수준이 낮은 학습자 3명을 골 고루 분산하여 배 치하고, 친근한 소 재를 활용하여 그 들의 주의집중과 관련성을 유발한 다. -학습자들이 토론 시간을 너무 길게 사용하지 않도록 한다. 토론이 활발 하지 못한 경우에 는 학습의욕이 떨 어질 수 있다.

수업내용 개관	동기전략 개관	기타의견
2. 수업중반 · 실생활과 관련된 대한민국 정부의 수립이후 우리 나라 민주 정치의 성장과정, 4·19, 5·18, 6월 항쟁 등의 민주화 운동의 발생원인과 전개과정에 대한 조사내용과 이해한 내용을 구체적으로 하기.	-학습자들의 주의집중, 관련성, 자신감, 만족감을 유지하기 위하여 대한민국 정부의 수립이후 우리 나라 민주 정치의 성장과정, 4·19, 5·18, 6월 항쟁 등의 민주화 운동의 발생원인과 전개과정과 관련된 스피드게임을 한다. 학습자들이 돌아가면서 알맞은 낱말을 제시하고, 교사는 그에 따라 스티커 제공으로 만족감을 향상시킨다. -이산가족의 아픔을 주제로 한 역할극 활동을 통하여 문제를 해결한다. 교사는 문제를 해결한 학습자가 아직 해결하지 못한 학습자를 도울 수 있도록 하여 제공하여 자신감과 만족감을 갖는 기회를 제공한다. -모둠활동이 진행되는 동안 교사는 교실을 궤간 순시하면서 학습자들의 의문사항에 적극적으로 질문할 수 있는 기회를 제공하여 주고 , 개별적인 언어를 사용하여 부드러운 목소리로 피드백을 제공한다. -모둠활동이 끝나면 교사는 모둠별로 조사하고 이해한 학습내용을 발표하도록 하고, 교사는 우수한 학습결과 발표한 모둠이나 학습자의 능력을 인정하고, 내재적인 자존심에 긍정적인 영향을 주는 칭찬을 제공하여 자신감과 만족감을 높인다.	-교사는 자신감이 적절한 학생 28명의 학습자들이 적절한 자신감을 유지하고 있는지에 대해 지속적인 관심을 갖고 지켜본다. -교사는 학습자의 주의집중, 관련성, 자신감, 그리고 만족감을 유지하기 위하여 일관성 있는 피드백을 제공한다.
3. 수업마무리 · 대한민국 정부의 수립 이후 우리 나라 민주 정치의 성장과정, 4·19, 5·18, 6월 항쟁 등의 민주화 운동의 발생원인과 전개과정에 대한 학습내용을 전체적으로 정리 및 요약하기. · 차시예고하기	-교사는 대한민국 정부의 수립이후 우리 나라 민주 정치의 성장과정, 4·19, 5·18, 6월 항쟁 등의 민주화 운동의 발생원인과 전개과정을 마인드 맵 활동을 통하여 성공적으로 해결함으로써 자신감과 만족감을 갖도록 한다. -교사는 학습자들이 미처 생각하지 못했던 실생활 속에서 역사적 사건의 이해와 관련된 다양한 예들을 제공하여 주의집중과 관련성을 유지·향상시킨다. -자신감과 만족감을 유지시키기 위해 학습자들에게 수업진행 중에 그들이 설정한 개인적인 학습목표에 대해 얼마나 많이 달성했는지를 스스로 점검해 보라고 한다. -수업중반에 학습문제 해결에 어려움을 느꼈던 학습자들에게 그 학습문제를 다시 한번 정리해 볼 수 있는 기회를 제공하여 자신감과 만족감을 높여준다. -교사는 학습자들이 그들의 성적에 대해 공정하게 평가되었다고 느끼도록 일관성 있게 평가하여 자신감과 만족감을 높여준다. -교사는 학습자들의 흥미를 유지하기 위하여 다음 차시 학습내용에 대해 간략하게 소개한다.	-대한민국 정부의 수립이후 우리 나라 민주 정치의 성장과정, 4·19, 5·18, 6월 항쟁 등의 민주화 운동의 발생원인과 전개과정에 대한 이해와 실생활에서의 관련성에 대해서 학습자들이 잘 지각하고 있는지를 알아보기 위해 진지한 목소리로 질문한다.

5-6/6 차시

1단계 : 수업 정보획득

1. 수업의 제목 : 단 원 3-2. 대한민국의 수립과 발전, 소단원 3. 한강의 기
   적에서 통일로

2. 수업에 대한 설명
   1) 수업의 목적은 무엇인가?
      (1) 경제 발전의 과정에서 있었던 석유 파동, 외환 위기 등의 사회
         문제에 대해 설명할 수 있다.
      (2) 전후 통일을 위한 정부와 국민의 노력을 알고 통일을 이루려는
         마음자세를 갖는다.
   2) 수업내용에 대한 간단한 기술 제시하기
   이 제재에서는 경제 성장과정을 개괄적으로 파악하는 제재이다. 전후의
폐호 속에서 경제를 발전시키기 위해 벌인 경제 개발 5개년 계획을 중심으
로 정부와 국민의 노력을 알아본다. 그리고 경제발전 과정에서 있었던 시
련들, 특히 외환위기와 관련해서 정부와 국민, 그리고 기업들의 노력에 대
해서 알아본다. 경제발전에 따른 여러 사회문제의 탐구와 경제발전을 바탕
으로 이루어진 남북통일의 위한 여러 노력에 대해서 알아본다. 이 제재에
서 중요한 것은 전후 경제 성장의 과정과 발전 모습을 알아보는 것이다.
전후 폐허가 된 국토를 개발하고 경제를 일으키는 과정에서 우리 국민들의
피땀 어린 노력이 다른 무엇보다도 강조되어야 할 것이다. 경제발전의 과
정을 '민주 시민이 승리하던 날들'과 관련시켜 다루는 것이 필요할 것이다.
즉 경제발전은 정치의 발전과 더불어 이루어진다는 점을 강조해야 할 것이
다. 정치가 안정되고 민주화가 진행되면 경제발전도 수월하게 이루어진다
는 점을 인식시켜야 한다. 그러한 맥락에서 경제발전의 과정에 나타난 여
러 가지 사회 문제를 바라보는 올바른 관점을 가지게 할 필요가 있다.

8단계 교수전략에 통합

수업내용 개관	동기전략 개관	기타의견
1. 수업초기 · 대한민국 정부의 수립이후 경제 발전의 과정의 어려움과 사회문제, 전후 통일을 위한 정부와 국민의 노력을 알아보는 학습목표 제시하기 · 역사적 사건에 대한 이해와 활용의 좋은 점과 평가기준을 제시하기. · 대한민국 정부의 수립이후 경제 발전의 과정의 어려움과 사회문제, 전후 통일을 위한 정부와 국민의 노력에 관한 지식을 간략하게 확인 · 실생활과 관련된 역사적 사건에 대한 문제를 몇 가지 소개	-전체적으로 교사는 다양한 방법으로 학습자들에게 수업내용을 제시하고, -학습자들에게 개별적인 언어를 사용한다. -근대사 관련 슬라이드를 보고 느낌을 말한다. -교사는 학습자들의 관련성을 높이기 위해 학습목표의 의미를 설명해 준다 -학습자들의 관련성, 자신감, 만족감을 높이기 위하여 이 수업이 끝난 후 그들이 무엇을 할 수 있는지 말해준다. -학습자들의 자신감과 만족감을 높이기 위하여 성공적인 학업 성취도를 판단할 수 있는 객관적인 준거들을 알려준다. -선수학습의 관련성을 유발하기 위하여 ICT학습자료를 사용하여 대한민국 정부의 수립이후 경제 발전의 과정의 어려움과 사회문제, 전후 통일을 위한 정부와 국민의 노력에 관련된 학습문제 해결방법을 제시한다. -대한민국 정부의 수립이후 경제 발전의 과정의 어려움과 사회문제, 전후 통일을 위한 정부와 국민의 노력을 전혀 모르는 학습자들에게 자신감을 유발하기 위하여 개별적인 학습목표를 세우도록 한다. -주의집중을 보이지 않는 3명의 학습자들이 수업에 적극적으로 참여하지 않으면, 교사는 그들에게 친근한 목소리로 이름을 부르면서 수업에 집중하라고 얘기하고, 개인적인 관심을 갖고 있음을 나타낸다.	-큰 글씨를 사용하고 핵심단어는 다른 색깔을 사용한다 -모둠구성은 주의집중 수준이 낮은 학습자 3명을 골고루 분산하여 배치하고, 친근한 소재를 활용하여 그들의 주의집중과 관련성을 유발한다.
· 대한민국 정부의 수립이후 경제 발전의 과정의 어려움과 사회문제, 전후 통일을 위한 정부와 국민의 노력에 관한 이해정도를 파악하고, 피드백제공	-교사는 학습자들의 자신감을 높이기 위하여 모둠을 구성하여 학습자들이 역사적 사건에 대하여 어느 정도 이해하고 있는지 서로 토론하도록 한다. -소집단을 둘러보면서 자신감과 만족감을 유발하기 위하여 학습자들 간에 서로 도움을 주도록 분위기를 형성한다. -론결과 학습자들이 학습내용에 대해 잘못 이해하고 있다면, 교사는 즉각적으로 교정적 피드백을 제공한다.	-학습자들이 토론시간을 너무 길게 사용하지 않도록 한다. 토론이 활발하지 못한 경우에는 학습의욕이 떨어질 수 있다.

수업내용 개관	동기전략 개관	기타의견
2. 수업중반 · 실생활과 관련된 대한민국 정부의 수립이후 경제 발전의 과정의 어려움과 사회문제, 전후 통일을 위한 정부와 국민의 노력에 대한 조사내용과 이해한 내용을 구체적으로 제시하기.	-전체적으로 교사는 다양한 방법으로 수업내용을 제시하고, -학습자들에게 개별적인 언어를 사용한다. -교사는 학습자들의 주의집중, 관련성, 자신감, 만족감을 유지하기 위하여 대한민국 정부의 수립이후 경제 발전의 과정의 어려움과 사회문제, 전후 통일을 위한 정부와 국민의 노력과 관련된 스피드게임을 한다. 학습자들이 돌아가면서 알맞은 낱말을 제시하고, 교사는 그에 따라 스티커 제공으로 만족감을 향상시킨다. -모둠활동을 통하여 브레인스토밍, 사전에 조사한 과제학습을 바탕으로 한 토의학습, 이산가족의 아픔을 주제로 한 역할극 활동을 통하여 문제를 해결한다. 교사는 문제를 해결한 학습자가 아직 해결하지 못한 학습자를 도울 수 있도록 하여 제공하여 자신감과 만족감을 갖는 기회를 제공한다. -모둠활동이 진행되는 동안 교사는 교실을 궤간 순시하면서 학습자들의 의문사항에 적극적으로 질문할 수 있는 기회를 제공하여 주고 , 개별적인 언어를 사용하여 부드러운 목소리로 피드백을 제공한다. -문제를 해결하는 데 어려움을 겪는 학습자에게는 그들에게 적합한 학습문제를 선정하도록 하여 자신감을 향상시킨다. -모둠활동이 끝나면 교사는 모둠별로 조사하고 이해한 학습내용을 발표하도록 하고, 교사는 우수한 학습결과 발표한 모둠이나 학습자의 능력을 인정하고, 내재적인 자존심에 긍정적인 영향을 주는 칭찬을 제공하여 자신감과 만족감을 높인다.	-이때 교사는 밝고 생동감이 넘치는 목소리로 학습자들의 활동을 촉진시킨다. -교사는 자신감이 적절한 학생 20명의 학습자들이 적절한 자신감을 유지하고 있는지 에 대해 지속적인 관심을 갖고 지켜본다. -교사는 학습자의 주의집중, 관련성, 자신감, 그리고 만족감을 유지하기 위하여 일관성 있는 피드백을 제공한다. -교사는 모둠활동을 하는 동안 주의집중을 유지하고, 자신감과 만족감의 향상을 파악하기 위해 끊임없이 그들과 시선을 교류하고 얼굴표정을 관리한다.
3.수업마무리 · 대한민국 정부의 수립이후 경제 발전의 과정의 어려움과 사회문제, 전후 통일을 위한 정부와 국민의 노력에 대한 학습내용을 전체적으로 정리 및 요약하기. · 차시예고하기	-학급구호와 약속을 외치면서 학습자들의 주의집중을 향상시킨다. -교사는 대한민국 정부의 수립이후 경제 발전의 과정의 어려움과 사회문제, 전후 통일을 위한 정부와 국민의 노력에 관련한 소감을 글로 쓰는 활동을 통하여 성공적으로 해결함으로써 자신감과 만족감을 갖도록 한다. -교사는 학습자들이 미처 생각하지 못했던 실생활 속에서 역사적 사건의 이해와 관련된 다양한 예들을 제공하여 주의집중과 관련성을 유지 · 향상시킨다. -교사는 자신감과 만족감을 유지시키기 위해 학습자들에게 수업진행 중에 그들이 설정한 개인적인 학습목표에 대해 얼마나 많이 달성했는지를 스스로 점검해 보라고 한다. -교사는 수업중반에 학습문제 해결에 어려움을 느꼈던 학습자들에게 그 학습문제를 다시 한번 정리해 볼 수 있는 기회를 제공하여 자신감과 만족감을 높여준다. -평가에 있어서 교사는 학습자들이 그들의 성적에 대해 공정하게 평가되었다고 느끼도록 일관성 있게 평가하여 자신감과 만족감을 높여준다. -교사는 학습자들의 흥미를 유지하기 위하여 다음 차시 학습내용에 대해 간략하게 소개하고 수업을 마친다.	-교사는 대한민국 정부의 수립이후 경제 발전의 과정의 어려움과 사회문제, 전후 통일을 위한 정부와 국민의 노력에 대한 이해와 실생활에서의 관련성에 대해서 학습자들이 잘 지각하고 있는지를 알아보기 위해 진지한 목소리로 질문한다.

부록 5. 학습자 동기분석안 (Best quess)

1-2/6 차시

높음(●) 적절(○) 낮음(▲)

번호	이 름	주의 집중	관련성	자신감	만족감	번호	이 름	주의 집중	관련성	자신감	만족감
1	이 0 0	▲	▲	▲	▲	41	김 0 0	○	○	○	○
2	여 0 0	○	○	●	○	42	권 0 0	○	○	○	○
3	고 0 0	○	○	▲	▲	43	박 0 0	○	○	▲	▲
4	김 0 0	○	○	●	○	44	이 0 0	○	○	●	○
5	정 0 0	○	○	○	○	45	이 0 0	○	○	●	○
6	이 0 0	○	○	○	○	46	노 0 0	○	○	▲	▲
7	이 0 0	○	○	○	○	47	김 0 0	○	○	○	○
8	이 0 0	▲	▲	▲	▲	48	김 0 0	○	○	●	○
9	김 0 0	전		출		49	최 0 0	○	○	▲	▲
10	이 0 0	○	○	●	○	50	옥 0 0	○	○	○	○
11	정 0 0	○	○	●	○	51	김 0 0	○	○	○	▲
12	허 0 0	○	○	▲	▲	52	김 0 0	○	○	○	○
13	박 0 0	○	○	●	○	53	김 0 0	전	○	출	○
14	황 0 0	○	○	▲	▲	54	원 0 0	○	○	●	○
15	박 0 0	○	○	▲	▲	55	김 0 0	○	○	●	○
16	조 0 0	○	○	●	○	56	윤 0 0	○	○	▲	▲
17	박 0 0	○	○	▲	▲	57	박 0 0	○	○	●	○
18	이 0 0	○	○	▲	▲	58	최 0 0	○	○	●	○
19	김 0 0	○	○	○	○	59	김 0 0	○	○	▲	▲
20	김 0 0	○	○	○	○	60	송 0 0	○	○	●	○
21	김 0 0	▲	○	○	○	61	김 0 0	○	○	○	○

	A	R	C	S
높음(●)	.	.	14	.
적절(○)	37	38	14	26
낮음(▲)	3	2	12	14

3-4/6 차시

번호	이 름	주의 집중	관련성	자신감	만족감	번호	이 름	주의 집중	관련성	자신감	만족감
1	이 0 0	▲	▲	▲	▲	41	김 0 0	○	○	▲	○
2	여 0 0	○	○	○	○	42	권 0 0	○	○	▲	○
3	고 0 0	○	○	▲	○	43	박 0 0	○	○	▲	▲
4	김 0 0	○	○	○	○	44	이 0 0	○	○	▲	○
5	정 0 0	○	○	▲	○	45	이 0 0	○	○	●	○
6	이 0 0	○	○	○	○	46	노 0 0	○	○	▲	○
7	이 0 0	○	○	▲	○	47	김 0 0	○	○	▲	○
8	이 0 0	▲	▲	▲	○	48	김 0 0	○	○	○	○
9	김 0 0	전		출		49	최 0 0	○	▲	▲	▲
10	이 0 0	○	○	●	●	50	옥 0 0	○	○	▲	○
11	정 0 0	○	○	●	○	51	김 0 0	○	▲	▲	▲
12	허 0 0	○	○	▲	○	52	김 0 0	○	○	▲	○
13	박 0 0	○	○	●	●	53	김 0 0	전	○	출	
14	황 0 0	○	○	▲	▲	54	원 0 0	○	○	▲	○
15	박 0 0	○	○	▲	○	55	김 0 0	○	○	▲	○
16	조 0 0	○	○	●	○	56	윤 0 0	○	▲	▲	○
17	박 0 0	○	○	▲	▲	57	박 0 0	○	○	○	○
18	이 0 0	○	○	▲	○	58	최 0 0	○	○	○	○
19	김 0 0	○	○	▲	○	59	김 0 0	○	▲	▲	▲
20	김 0 0	○	○	▲	○	60	송 0 0	○	○	○	○
21	김 0 0	▲	○	▲	○	61	김 0 0	○	○	▲	○

	A	R	C	S
높음(●)	.	.	5	2
적절(○)	36	34	7	31
낮음(▲)	4	6	28	7

5-6/6 차시

번호	이 름	주의 집중	관련성	자신감	만족감	번호	이 름	주의 집중	관련성	자신감	만족감
1	이 0 0	▲	▲	▲	▲	41	김 0 0	○	○	○	○
2	여 0 0	○	○	○	○	42	권 0 0	○	○	○	○
3	고 0 0	○	○	▲	○	43	박 0 0	○	○	▲	▲
4	김 0 0	○	○	○	○	44	이 0 0	○	○	○	○
5	정 0 0	○	○	○	○	45	이 0 0	○	○	○	○
6	이 0 0	○	○	○	○	46	노 0 0	○	○	▲	○
7	이 0 0	○	○	○	○	47	김 0 0	○	○	○	○
8	이 0 0	▲	▲	▲	▲	48	김 0 0	○	○	○	○
9	김 0 0	전		출	.	49	최 0 0	○	▲	▲	▲
10	이 0 0	○	○	○	○	50	옥 0 0	○	○	○	○
11	정 0 0	○	○	○	○	51	김 0 0	○	▲	○	▲
12	허 0 0	○	○	▲	○	52	김 0 0	○	○	○	○
13	박 0 0	▲	○	○	○	53	김 0 0	전		출	
14	황 0 0	○	○	▲	○	54	원 0 0	○	○	○	○
15	박 0 0	○	○	▲	▲	55	김 0 0	○	○	○	○
16	조 0 0	○	○	○	○	56	윤 0 0	○	▲	▲	▲
17	박 0 0	○	○	▲	▲	57	박 0 0	○	○	○	○
18	이 0 0	○	○	▲	▲	58	최 0 0	○	○	○	○
19	김 0 0	○	○	○	○	59	김 0 0	○	▲	▲	▲
20	김 0 0	○	○	○	○	60	송 0 0	○	○	○	○
21	김 0 0	▲	○	○	○	61	김 0 0	○	○	○	○

	A	R	C	S
높음(●)	.	.	.	.
적절(○)	37	34	28	30
낮음(▲)	3	6	12	10

1-2/4 차시

번호	이 름	주의집중	관련성	자신감	만족감	번호	이 름	주의집중	관련성	자신감	만족감
1	이 0 0	▲	▲	▲	▲	41	김 0 0	○	○	○	○
2	여 0 0	○	○	○	○	42	권 0 0	○	○	○	○
3	고 0 0	○	○	▲	○	43	박 0 0	○	○	▲	▲
4	김 0 0	○	○	○	○	44	이 0 0	○	○	○	○
5	정 0 0	○	○	○	○	45	이 0 0	○	○	○	○
6	이 0 0	○	○	○	○	46	노 0 0	○	○	▲	○
7	이 0 0	○	○	○	○	47	김 0 0	○	○	○	○
8	이 0 0	▲	▲	▲	▲	48	김 0 0	○	○	○	○
9	김 0 0	전		출		49	최 0 0	○	▲	▲	▲
10	이 0 0	○	○	○	○	50	옥 0 0	○	○	○	○
11	정 0 0	○	○	○	○	51	김 0 0	○	▲	○	▲
12	허 0 0	○	○	▲	○	52	김 0 0	○	○	○	○
13	박 0 0	○	○	○	○	53	김 0 0	전		출	
14	황 0 0	○	○	▲	○	54	원 0 0	○	○	○	○
15	박 0 0	○	○	▲	▲	55	김 0 0	○	○	○	○
16	조 0 0	○	○	○	○	56	윤 0 0	○	▲	▲	▲
17	박 0 0	○	○	▲	▲	57	박 0 0	○	○	○	○
18	이 0 0	○	○	▲	▲	58	최 0 0	○	○	○	○
19	김 0 0	○	○	○	○	59	김 0 0	○	▲	▲	▲
20	김 0 0	○	○	○	○	60	송 0 0	○	○	○	○
21	김 0 0	▲	○	○	○	61	김 0 0	○	○	○	○

	A	R	C	S
높음(●)	.	.	.	.
적절(○)	37	34	28	30
낮음(▲)	3	6	12	10

3-4/4 차시

번호	이 름	주의 집중	관련성	자신감	만족감	번호	이 름	주의 집중	관련성	자신감	만족감
1	이 0 0	▲	▲	▲	▲	41	김 0 0	○	○	○	○
2	여 0 0	○	○	●	○	42	권 0 0	○	○	○	○
3	고 0 0	○	○	●	○	43	박 0 0	○	○	▲	▲
4	김 0 0	○	○	●	○	44	이 0 0	○	○	●	○
5	정 0 0	○	○	○	○	45	이 0 0	○	○	●	○
6	이 0 0	○	○	○	○	46	노 0 0	○	○	○	○
7	이 0 0	○	○	○	○	47	김 0 0	○	○	○	○
8	이 0 0	▲	▲	○	○	48	김 0 0	○	○	●	○
9	김 0 0	전		출		49	최 0 0	○	○	▲	○
10	이 0 0	○	○	●	○	50	옥 0 0	○	○	○	○
11	정 0 0	○	○	○	○	51	김 0 0	○	○	○	▲
12	허 0 0	○	○	○	○	52	김 0 0	○	○	○	○
13	박 0 0	○	○	●	○	53	김 0 0	전		출	
14	황 0 0	○	○	○	○	54	원 0 0	○	○	○	○
15	박 0 0	○	○	○	○	55	김 0 0	○	○	○	○
16	조 0 0	○	○	●	○	56	윤 0 0	○	○	○	○
17	박 0 0	○	○	○	○	57	박 0 0	○	○	●	○
18	이 0 0	○	○	○	○	58	최 0 0	○	○	○	○
19	김 0 0	○	○	○	○	59	김 0 0	○	○	▲	○
20	김 0 0	○	○	○	○	60	송 0 0	○	○	○	○
21	김 0 0	▲	○	○	○	61	김 0 0	○	○	○	○

	A	R	C	S
높음(●)	.	.	10	.
적절(○)	37	38	27	37
낮음(▲)	3	2	3	3

1-2/6 차시

번호	이 름	주의집중	관련성	자신감	만족감	번호	이 름	주의집중	관련성	자신감	만족감
1	이 0 0	▲	▲	▲	▲	41	김 0 0	○	○	○	○
2	여 0 0	○	○	○	○	42	권 0 0	○	○	○	○
3	고 0 0	○	○	▲	○	43	박 0 0	○	○	▲	○
4	김 0 0	○	○	○	○	44	이 0 0	○	○	○	○
5	정 0 0	○	○	○	○	45	이 0 0	○	○	○	○
6	이 0 0	○	○	○	○	46	노 0 0	○	○	▲	○
7	이 0 0	○	○	○	○	47	김 0 0	○	○	○	○
8	이 0 0	▲	▲	▲	○	48	김 0 0	○	○	○	○
9	김 0 0	전		출		49	최 0 0	○	○	▲	○
10	이 0 0	○	○	○	○	50	옥 0 0	○	○	○	○
11	정 0 0	○	○	○	○	51	김 0 0	○	○	○	○
12	허 0 0	○	○	▲	○	52	김 0 0	○	○	○	○
13	박 0 0	○	○	○	○	53	김 0 0	전		출	
14	황 0 0	○	○	▲	○	54	원 0 0	○	○	○	○
15	박 0 0	○	○	▲	○	55	김 0 0	○	○	○	○
16	조 0 0	○	○	○	○	56	윤 0 0	○	○	▲	○
17	박 0 0	○	○	▲	○	57	박 0 0	○	○	○	○
18	이 0 0	○	○	▲	○	58	최 0 0	○	○	○	○
19	김 0 0	○	○	○	○	59	김 0 0	○	○	▲	▲
20	김 0 0	○	○	○	○	60	송 0 0	○	○	○	○
21	김 0 0	▲	○	○	○	61	김 0 0	○	○	○	○

	A	R	C	S
높음(●)	.	.	.	.
적절(○)	37	38	28	38
낮음(▲)	3	2	12	2

3-4/6 차시

번호	이 름	주의집중	관련성	자신감	만족감	번호	이 름	주의집중	관련성	자신감	만족감
1	이００	▲	▲	▲	▲	41	김００	○	○	▲	○
2	여００	○	○	▲	○	42	권００	○	○	▲	○
3	고００	○	○	▲	▲	43	박００	○	○	▲	▲
4	김００	○	○	▲	○	44	이００	○	○	▲	○
5	정００	○	○	▲	○	45	이００	○	○	▲	○
6	이００	○	○	▲	○	46	노００	○	○	▲	▲
7	이００	○	○	▲	○	47	김００	○	○	▲	▲
8	이００	▲	▲	▲	▲	48	김００	○	○	▲	○
9	김００	전		출		49	최００	○	○	▲	▲
10	이００	○	○	○	○	50	옥００	○	○	▲	○
11	정００	○	○	○	○	51	김００	○	○	▲	▲
12	허００	○	○	▲	▲	52	김００	○	○	▲	▲
13	박００	○	○	○	○	53	김００	전		출	
14	황００	○	○	▲	▲	54	원００	○	○	▲	▲
15	박００	○	○	▲	▲	55	김００	○	○	▲	○
16	조００	○	○	▲	○	56	윤００	○	○	▲	▲
17	박００	○	○	▲	▲	57	박００	○	○	○	○
18	이００	○	○	▲	▲	58	최００	○	○	▲	○
19	김００	○	○	▲	▲	59	김００	○	○	▲	▲
20	김００	○	○	▲	▲	60	송００	○	○	○	○
21	김００	▲	○	▲	▲	61	김００	○	○	▲	○

	A	R	C	S
높음(●)	.	.	0	.
적절(○)	37	38	5	20
낮음(▲)	3	2	35	20

5-6/6 차시

번호	이 름	주의 집중	관련성	자신감	만족감	번호	이 름	주의 집중	관련성	자신감	만족감
1	이 0 0	▲	▲	▲	▲	41	김 0 0	○	○	○	○
2	여 0 0	○	○	○	○	42	권 0 0	○	○	○	○
3	고 0 0	○	○	▲	○	43	박 0 0	○	○	▲	▲
4	김 0 0	○	○	○	○	44	이 0 0	○	○	▲	○
5	정 0 0	○	○	▲	○	45	이 0 0	○	○	○	○
6	이 0 0	○	○	○	○	46	노 0 0	○	○	▲	○
7	이 0 0	○	○	▲	○	47	김 0 0	○	○	▲	○
8	이 0 0	▲	▲	▲	○	48	김 0 0	○	○	○	○
9	김 0 0	전		출		49	최 0 0	○	○	▲	▲
10	이 0 0	○	○	○	○	50	옥 0 0	○	○	▲	○
11	정 0 0	○	○	▲	○	51	김 0 0	○	○	▲	▲
12	허 0 0	○	○	▲	▲	52	김 0 0	○	○	○	○
13	박 0 0	○	○	○	○	53	김 0 0	전		출	
14	황 0 0	○	○	▲	○	54	원 0 0	○	○	○	○
15	박 0 0	○	○	▲	▲	55	김 0 0	○	○	○	○
16	조 0 0	○	○	▲	○	56	윤 0 0	○	○	▲	▲
17	박 0 0	○	○	▲	▲	57	박 0 0	○	○	○	○
18	이 0 0	○	○	▲	▲	58	최 0 0	○	○	○	○
19	김 0 0	○	○	○	○	59	김 0 0	○	○	▲	▲
20	김 0 0	○	○	○	○	60	송 0 0	○	○	○	○
21	김 0 0	▲	○	○	○	61	김 0 0	○	○	○	○

	A	R	C	S
높음(●)	.	.	0	.
적절(○)	37	38	20	30
낮음(▲)	3	2	20	10

부록 6. 통제집단 수업안

단 원	2-2. 외세의 침략과 우리민족의 대응	쪽 수	81-85	차 시	1-2/6
학습주제	척화비를 세운 까닭				
학습목표	▶ 흥선대원군의 생애와 그의 개혁정책에 대해 알 수 있다. ▶ 병인양요, 신미양요가 일어난 원인과 경과를 조사해 보고, 척화비를 세운 까닭을 알 수 있다.				
학습단계	교수-학습활동				지도상의 유의점
도 입 공부할 문제 전 개 정 리	조선 후기의 왕실계보 제시하기 ▶ 철종은 뒤를 이을 아들이나 형제가 없어서 왕실의 친척인 이하응의 둘째 아들이 왕위에 올랐다. 이 사람이 고종이고, 고종의 아버지인 이하응이 흥선대원군이다. ▶ 흥선대원군의 생애와 개혁정책에 대해 알아보자. ▶ 병인양요, 신미양요가 일어난 원인과 경과를 조사해 보고, 척화비를 세운 까닭을 알아보자. ▶ 학습활동 1 : 흥선대원군의 개혁정책 알기 - 조선후기의 사회상을 통해 개혁정책의 필요성을 안다. ▶ 학습활동 2 : 병인양요, 신미양요가 일어난 원인과 경과 설명하기 - 두 개의 사건의 결과에 대해 안다. ▶ 학습활동 3 : 척화비를 세운 까닭 설명하기 이양선의 출현 목적에 대해 설명하기 핵심내용 ▶ 흥선대원군은 국내적으로 강한 개혁정책을 하였고, 국외적으로 두 차례의 양요를 이김으로써 자신감을 얻어 통상, 수교 거부 정책을 강화할 수 있었다.				

단 원	2-2. 외세의 침략과 우리민족의 대응	쪽수	86-91	차시	3-4/6
학습주제	조선 어디로 가야 하는가				
학습목표	▶ 조선의 근대화를 위한 조상들의 노력을 알아볼 수 있다. ▶ 사회개혁을 위한 조상들의 노력과 결과를 알 수 있다.				

학습단계	교수-학습활동	지도상의 유의점
도 입 공부할 문제 전 개 정 리	근대화 초기의 근대 문물 수용 모습에 대해 알아보기 ▶ 서양과의 통상을 거부하던 조선이 어떤 과정을 거쳐 근대 문물을 받아들이게 되었을까? ▶ 조선의 근대화를 위한 조상들의 노력에 대해 알아보자. ▶ 사회개혁을 위한 조상들의 노력과 결과를 조사해 보고, 척화비를 세운 까닭을 알아보자. ▶ **학습활동 1** : 갑신정변의 의의와 내용 설명하기 - 강화도 조약을 통한 조선과 주변 외세와의 역할 - 갑신정변의 배경 ▶ **학습활동 2** : 동학농민운동 설명하기 - 동학의 주장, 전개과정 그리고 의의 ▶ **학습활동 3** : 갑오개혁에 대해서 알기 - 갑오개혁의 실시배경과 역사적 의의 을미사변에 대해 설명하기 - 일본이 명성황후를 시해한 원인에 대해 안다. **핵심내용** ▶ 우리 조상들은 외세의 침략을 막아내고 자주적인 근대국가를 건설하려고 노력하였다.	근대화 이전의 생활 모습 담은 사진

214

단 원	2-2. 외세의 침략과 우리민족의 대응	쪽 수	92-96	차 시	5-6/6
학습주제	대한제국을 선포한 뜻은				
학습목표	▶ 개항 이후 서양 문물들이 들어옴으로써 조선의 모습이 어떻게 변화하였는지 알 수 있다. ▶ 외국의 영향을 받아 근대적 사회로의 모습을 갖추어 나가는 과정을 알 수 있다.				
학습단계	교수-학습활동			지도상의 유의점	

학습단계	교수-학습활동	지도상의 유의점
도 입 공부할 문제 전 개	우리의 의식주 생활 중 전통적인 것과 아닌 것 찾기 ▶ 개항 이후 서양 문물들이 들어옴으로써 조선의 모습이 어떻게 변화하였는지 알아봅시다. ▶ 외국의 영향을 받아 근대적 사회로의모습을 갖추어 나가는 과정을 알아봅시다. ▶ 학습활동 1 : 단발령과 서양에서 들어온 문물 - 서양 문물의 도입으로 인한 사회 생활의 변화된 모습에 대해 안다. - 서양 문물의 도입에 대한 반대의 주장에 대해 알고 그 이유에 대해 논의한다. ▶ 학습활동 2 : 신식학교의 모습 알기 - 식식 학교 및 신식 학교의 교육 내용이 이전의 유교적 교육과 어떻게 다른지 안다. ▶ 학습활동 3 : 변화된 여러 가지 사회 제도 설명하기 - 문호 개방 후 이를 보완하기 위해 시행된 각종 사회 제도를 안다.	
정 리	핵심내용 ▶ 조선 사회에 서양 문물이 들어옴으로 인해 사람들이 생활이 크게 변하였다.	

단 원	3-1. 나라를 되찾기 위한 노력	쪽 수	102-109	차 시	1-2/4
학습주제	총과 펜을 들어 싸운 조상들				
학습목표	▶ 을사 조약 체결후 전개된 의병 활동 내용을 조사하여 표로 정리해 보고 이를 설명해 본다. ▶ 민족의 혼과 얼을 찾기 위한 애국 계몽 운동에 대하여 설명해 본다.				
학습단계	교수-학습활동				지도상의 유의점
도 입 공부할 문제 전 개 정 리	일본의 탄압을 받는 우리 민족의 모습을 보고 느낌 말하기 ▶ 을사 조약 체결후 전재된 의병 활동 내용을 조사하여 표로 정리해 보고 이를 설명해 봅시다. ▶ 민족의 혼과 얼을 찾기 위한 애국 계몽 운동에 대하여 설명해 봅시다. 까닭을 알아보자. ▶ 학습활동 1 : 을사조약이 일어난 이유 설명하기 ▶ 학습활동 2 : 을사 조약 후 의병 활동 설명하기 ▶ 학습활동 3 : 민족의 혼을 기르기 위한 노력에 대해서 알아보기 핵심내용 ▶ 우리 조상들은 외세의 침략을 막아내고 자주적인 근대국가를 건설하려고 노력하였다. ▶ 애국 계몽운동에 대한 나의 생각 발표하기				

단 원	3-1. 나라를 되찾기 위한 노력	쪽 수	110-118	차 시	3-4/4
학습주제	대한 독립 만세, 한국 광복군 만세				
학습목표	▶ 조선의 근대화를 위한 조상들의 노력을 알아볼 수 있다. ▶ 사회개혁을 위한 조상들의 노력과 결과를 알 수 있다.				
학습단계	교수-학습활동				지도상의 유의점

학습단계	교수-학습활동	지도상의 유의점
도 입	붉은 악마의 응원 모습 ▶ 축구 경기에서 응원을 해본 경험에 대해 말하고 서로 하나의 힘이 되어 응원 할 때의 느낌을 말하고, 한.일 전에 대한 특별한 열기에 대해 이야기해 본다.	
공부할 문제	▶ 3.1 운동의 전개 과정을 알고 독립 운동에 미친 영향을 알아봅시다. ▶ 대한민국 임시정부를 세운 까닭과 그 활동 내용을 파악하여 봅시다.	
전 개	▶ 학습활동 1 : 일제의 우리 민족 탄압 알기 - 일제의 강점기에 일본이 우리 민족을 탄압한 내용에 대한 자료를 보여 준다. ▶ 학습활동 2 : 3 . 1운동의 전개 과정 알기 - 3 . 1 운동의 의의와 결과에 대해 안다. ▶ 학습활동 3 : 대한민국 임시 정부를 수립과 광복군 - 임시 정부의 항일 활동에 대해 안다. 창씨 개명에 대해서 알아보기 ▶임시 정부의 항일 활동에 대해 안다.	
정 리	핵심내용 ▶ 3.1 운동 이후의 대한민국 임시 정부의 수립과 국내외의 독립운동의 전개 모습을 알 수 있다.	

단 원	3-2. 대한민국의 수립과 발전	쪽 수	119-124	차 시	1-2/6
학습주제	분단을 딛고 일어선 대한민국				
학습목표	▶ 대한민국 정부의 수립과 발전 과정에서 발생한 중요한 사건과 역사적 인물에 대해 알 수 있다. ▶ 6.25전쟁의 전개과정과 그 결과를 알고 우리 민족이 당한 고통에 대해 이해할 수 있다.				
학습단계	교수-학습활동				지도상의 유의점
도 입 공부할 문제 전 개 정 리	우리 나라가 광복을 하게 된 이류 대해 알아보기 ▶ 대한민국 정부의 수립과 발전 과정에서 발생한 중요한 사건과 역사적 인물에 대해 알아봅시다. ▶ 6.25전쟁의 전개 과정과 그 결과를 알고 우리 민족이 당한 고통에 대해 이해하여 봅시다. ▶ 학습활동 1 : 대한민국 정부 수립의 과정 설명하기 ▶ 학습활동 2 : 김구와 이승만에 대한 토론하기 ▶ 학습활동 3 : 6.25전쟁 설명하기 핵심내용 ▶ 전쟁을 방지하기 위해 우리가 할 수 있는 일 내용 정리하기 ▶ 차시예고 대한민국 수립이후 우리 나라 민주정치의 성장과정에 대해서 공부함				

단 원	3-2. 대한민국의 수립과 발전	쪽수	125-128	차시	3-4/6
학습주제	민주 시민이 승리하던 날				
학습목표	▶ 대한민국 정부의 수립 이후 우리 나라 민주 정치의 성장 과정에 대하여 말하여 봅시다. ▶ 4.19 5.18 6월 항쟁 등 민주화 운동의 발생 원인과 전개 과정, 이후의 영향에 대해 알아 봅시다.				

학습단계	교수-학습활동	지도상의 유의점
도 입 공부할 문제	근대사 슬라이드 보기 수용 모습에 대해 알아보기 ▶ 대한민국 정부의 수립 이후 우리 나라 민주 정치의 성장 과정에 대하여 말하여 봅시다. ▶ 4.19, 5.18, 6월 항쟁 등 민주화 운동이 발생 원인과 전개 과정, 이후의 영향에 대해 알아봅시다.	
전 개	▶ 학습활동 1 : 4. 19에 대해서 설명하기 ▶ 학습활동 2 : 5. 18에 대해서 설명하기 ▶ 학습활동 3 : 6월 민주항쟁이 무엇인지 설명하기	
정 리	핵심내용 ▶ 민주 시민이 승리했다는 말의 의미를 느낀 대로 발표해 보기 ▶ 4.19, 5.18에 대해서 아는대로 말해 보기. ▶ 차시예고 한강의 기적에서 통일로 주제 교과서 읽어오기.	

단　원	3-2. 대한민국의 수립과 발전	쪽 수	128-134	차 시	5-6/6
학습주제	한강의 기적에서 통일로				
학습목표	▶ 경제 발전의 과정에서 있었던 석유 파동, 외환 위기 등의 어려움과 사회문제에 대해 설명할 수 있다. ▶ 전후 통일을 위한 정부의 국민의 노력을 알고 통일을 이루려는 마음 자세를 가져 봅시다.				
학습단계	교수-학습활동				지도상의 유의점
도　입 공부할 문제	경제 발전의 의미를 살펴보기 ▶ 경제 발전의 과정에서 있었던 석유 파동을 외환 위기 등의 어려움과 사회 문제에 대해 설명해 봅시다. ▶ 전후 통일을 위한 정부와 국민의 노력을 알고 통일을 이루려는 마음 자세를 가져 봅시다.				
전　개	▶ 학습활동 1 : 경제 성장 과정 - 우리 나라 경제 발전 수준 파악하기 ▶ 학습활동 2 : 나아진 국민 생활 - 경제발전으로 인하여 발생된 사회문제를 알아보기 ▶ 학습활동 3 : 통일을 위한 온 국민의 노력 - 통일을 위해 정부가 노력한 점 알아보기				
정　리	핵심내용 - 경제발전의 의미, 통일을 위한 온 국민들의 노력에 대해서 정리한다. - 우리나라의 나아진 경제 생활을 예를 들어 발표해 보기.				

· 저자 ·

백승희   · 약 력 ·

　　　　전주교육대학교 졸업
　　　　국민대학교 교육대학원 유아교육전공 (교육학석사)
　　　　국민대학교 대학원 교육학과 교육심리전공 (박사)
　　　　경기도 가좌초등학교 교무부장
　　　　경희대학교 교육대학원 강사

　　　　· 주요 논저 ·

　　　　「미리읽기지도가 초등학생의 독해력에 미치는 영향」
　　　　「학업성취 향상을 위한 초등학교 학생의 교과태도에 대한 조사연구」
　　　　「개별화 Learning Contract 프로그램운영을 통한 초등학생의 자기주도
　　　　　적 학습능력 신장」
　　　　「동기설계 수업모형 적용이 자기조절 학습능력에 미치는 효과」
　　　　「동기설계 수업모형 적용을 통한 초등학교 1학년의 자기조절 학습능력
　　　　　형성 및 신장」
　　　　외 다수

Self-regulation으로 자라나는 내 아이의 꿈

· 초판 인쇄　2006년 3월 10일
· 초판 발행　2006년 3월 10일

· 지 은 이　백승희
· 펴 낸 이　채종준
· 펴 낸 곳　한국학술정보㈜
　　　　　　경기도 파주시 교하읍 문발리 526-2
　　　　　　파주출판문화정보산업단지
　　　　　　전화　031) 908-3181(대표) · 팩스　031) 908-3189
　　　　　　홈페이지　http://www.kstudy.com
　　　　　　e-mail(e-Book사업부)　ebook@kstudy.com
· 등　　록　제일산-115호(2000. 6. 19)
· 가　　격　14,000원

ISBN　89-534-4744-5 93370　(Paper Book)
　　　　89-534-4745-3 98370　(e-Book)